細谷久美子［著］

枯れ葉剤に遭った子どもたち

私のベトナム日誌15年

はじめに

本書を著すにあたって、私は二〇一〇年末から二〇一一年三月にかけて起こった二つの事実について少し触れておきたいと思います。

もともと、「枯れ葉剤に遭った子どもたち」のことについては、「とにかく纏めておかなくては」と、ここ二～三年、ずっと考えていたことでもありますが、それが急いで「とにかく出来上がらせておこう」と筆を進めさせた大きな要因は、一つは私自身の健康に絡んでのことであり、もう一つは二〇一一年三月一一日に発生した地震・津波そして原発事故と、自然の脅威に留まらず人為的な脅威の中に、今の私たちの日々があるということが突きつけられているからでもあります。

二〇一〇年一二月の初め、一七回目のベトナム訪問から帰国した私を襲った健康問題は、私自身が予想もしなかった「膀胱癌」という事実です。何の予兆もなくそれは私自身の身体の中で一・五センチにまで育っていました。「何が原因であるのか、それは医者にも分からない」とのことでした。しかし、それはともかく、年が明けた二〇一一年一月六日には手術でそれを取り除き、「再発を避けられない病であることを考慮して、三ヵ月ごとの検診を欠かさないように」との医者の言いつけを守っての、日々でありました。

そしてもう一つは、そんな中での二〇一一年三月一一日、一四時四六分の震源地を仙台とするM八・八の地震のことです。この日の私は術後ということもあり、家にいました。このM八・八は後でM九・〇に変更されるのですが、これで止まらずに一五時〇八分M七・五東北沖、一五時一五分M七・三茨城県沖、一五時二五分M七・四東北沖と、わずか四〇分間の間に、今まで私たちが経験したことのない自然の驚異に直面したのは私だけではないでしょう。

ここで私自身が被った地震の被害について細かく書く気はありませんが、震度五強に見舞われた私の住まい（千葉市美浜区）の周りは液状化の被害も大きく（三月二四日に災害救助法が適用されました）、その後の一〇日間あまりの上下水道の利用できない生活を経験し、今もなお続く東北地方および茨城の方々、その他、直接・間接の被害を受けられた方々のことを考えると本当に心が痛みます。


それにしても、あえてここでこの三月一一日の件に関連して原発事故を重く見ざるを得ないのは、この人災が将来の子どもたちにもたらす惨害を考えるからです。いまの世の若者たちが次の世代を育てるとき、思いもよらない被害が発生したらどうなるのでしょうか。「枯れ葉剤被害」はまぎれもなく戦争という人災でした。戦争における大量殺戮の過程で、枯れ葉剤は周到に計画的に、まさに人為によって、ベトナムの大地と人びとに浴びせられました。その被害は直接枯れ葉剤を浴びた親たちの一代に留まらず、二代三代へと「遺伝子障害」という形で子どもたちに残されたのです。

「放射能」が大々的に問題にされだした三月二七日、私の住まい周辺では「一歳未満の乳児に水道水を飲ませないように」という防災無線の放送がありました。そして「水の配布」が行われました。例え半減期が八日間であろうと、また一日の摂取量が「今、人体には影響がない」と言おうと、子どもたちが育ち成人していく間に積み重ねられていく量は「枯れ葉剤被害児童とは違う」と誰が保障できるのでしょうか。枯れ葉剤被害児童と私の一五年間の体験は、原発事故に対する私の見方を変えたのです。その意味もあって、まずは真正面から「枯れ葉剤被害児童」の姿を見てほしいと思うのです。そして拙い私の聞き取り記録ですが、読んでその事実を知ってほしいと思うのです。

今からでも遅くはないと思います。五四基ある日本の原子力発電所がすべて廃止（廃炉）になっても、その後処理には五〇年以上が場合によってはかかるのですから、事故が起きないうちに停止させることが私たちにとって一番望むところでもあります。そうできるように、非力な私ですが今後も努力していきたいと考えています。

二〇一一年五月二〇日

枯れ葉剤に遭った子どもたち／目次

第1部　ベトナム戦争と枯れ葉剤爆弾

ベトナム戦争と枯れ葉剤爆弾

ベトナム戦争

この戦争は、歴史的事実から見ても、私たち日本人にとって決して無関係ではない。一九五四年から七五年までの時期、ベトナムの南北統一を目指した共産党（当時の労働党）を中核とするベトナムの革命勢力と、南ベトナムの親米政権を維持しようとするアメリカ合衆国を中心とする勢力との間で戦われた戦争は、一九七五年四月三〇日の南政権の崩壊により、革命勢力の勝利に終わり、一九七六年、南北を統一したベトナム社会主義共和国が成立した。

アメリカが直接的な権益をほとんど持たないベトナムに大規模な介入を行った背景には、中国革命の結果、アメリカのアジア戦略にとっての重要性が増した日本の経済復興の問題があった。アメリカは、中国市場を「失った」日本に、東南アジアという新しい市場を提供することを構想し、日本との関係で浮かび上がった東南アジア地域の安定のために、その最前線としてのベトナムに介入した。実際に、ベトナム戦争でアメリカが周辺諸国に散布した大量のドルは、韓国、フィリピン、タイといったベトナム戦争参戦国をはじめとして、ベトナム周辺地域の経済発展を軌道に乗せる上で、極めて大きな役割を果たし、日本はこの地域との経済関係を強化することによって、経済大国化したといわれる。

枯れ葉剤とダイオキシン

①二〇一一年は枯れ葉剤爆弾投下から五〇年

ベトナム戦争中、アメリカは「枯れ葉剤」(＝エージェントオレンジ)と称される化学薬品を、戦場や森林地帯に大量に投下した。この枯れ葉剤の中に、後に生態系と人体に計り知れない影響を及ぼすことになるダイオキシンが含まれていた。

一九六一年八月一〇日、アメリカ軍による枯れ葉剤の投下実験がベトナム・コンツム北部で始まった。二〇一一年の今年は、この投下から五〇年を迎える。

枯れ葉剤の投下は、アメリカ政府が「ゴ・ジン・ジェム政権との合意の下、南ベトナムの戦場で枯れ葉剤を使用する準備を急ぎ……一九六一年五月、ベトナムの国境の陸路と水路を守るために枯れ葉剤と他の最新兵器を使用すること」を決定したときから本格化した。一九六一年七月、化学兵器の装備がベトナムへと海路輸送され、これを使って六機のC23輸送機と空軍部隊が必要装備を増強した。一九六一年八月三日、コンツムの州都で米軍軍事援助顧問団(MAAG)の会合が開かれ、ダクト(コンツムの北部)が最初の試験投下地として選ばれた。

そして「一九六一年八月一〇日、国道14号沿いのコンツム北部で、散布装置を装備したH34ヘリコプターによって最初の試験投下が行われた。この時はディノキソールが山林と農産物を破壊するために用いられ、……八月一一日には、コンツム国道に沿ってトリノキソールがサツマイモ、カッサバ、バナナ、萱を破壊するために用いられた。散布された植物は二時間以内に枯れて死んだ」のである。「枯れ葉剤が投下された森林地域は、その後、焼夷弾によって焼かれることでダイオキシン濃度が上昇し、いっそう毒性が増加した」。アメリカは「ベトナムではおよそ一七〇キログラムのダイオキシンが空中散布された」と見積もっていると言う。

この「枯れ葉剤・除草剤を使った作戦には『ランチハンド作戦』という暗号名が与えられ、その作戦の目的を『監視を容易にし、敵の隠れ家を暴露するために樹木の葉を枯らす。空中からの散布に加えて、陸上交通手段、ボート、背中に背負える容器など考えられるあらゆる手段を用いて枯れ葉剤を散布する。ゲリラ軍の攻撃を防ぐためにアメリカ軍、サイゴン軍と味方の全ての基地周囲と水路と陸路の両側に散布する』『ゲリラ軍の食料供給を断つために穀物を破壊する』」とも言われている（レ・カオ・ダイ著『ベトナム戦争におけるエージェントオレンジ―歴史と影響』）。

②枯れ葉剤爆弾の投下量と主要地域、その被害

一九九五年当時、ホーチミン市にある「戦争犯罪展示博物館（現在は「戦争証跡博物館」と名称変更）」には、枯れ葉剤の投下量、投下された地域、そしてその被害状況が展示されている。その投下量は、一九六二年の六万五、〇〇〇リットルをスタートに、一九六七年には一、九三九万四、〇〇〇リットルと三〇〇倍にも跳ね上がり、投下が終了されたと言われる一九七一年までには七、五〇〇万リットルに及んだとされる。

投下された地域は、当時の南ベトナムの中部高原、旧サイゴン市（現ホーチミン市）の北西部、それにメコンデルタの南部などで、その面積は旧ベトナム全土の四分の一に当たる二万三、三六〇平方キロにわたった。

その結果、ガンの発生率は「一九六一年を境にして二・八％から九％に跳ね上がり」、枯れ葉剤による肝臓ガンの発生率は五倍になっている。一九九五年のベンチャー州における奇形胎児の出産率はなんと七三％にも上るという。ベトナム戦争終結から二〇年を経た一九九五年当時、既に枯れ葉剤に被曝した世代の次の世代である子どもたちへの被害があらわになっていた。

枯れ葉剤被害はベトナムの民衆にとどまらない。枯れ葉剤爆弾の投下作戦に参加したアメリカの兵士二万人が何らかの直接の被害を受けている。彼らの遺伝子破壊や発ガンなどその後の障害を含めると、四万人以上が何らかの肉体的障害を受けたとも言われている。さらに、それらの被害は同盟軍として参加した韓国軍兵士にも及んでいる。

③枯れ葉剤に含まれるダイオキシン

ダイオキシンという物質は、ごく少ない量でも人体に入ると、発ガンや遺伝子障害を引き起こす、有毒物質の中でも最も強い毒性を持った物質であることが確認されている。このダイオキシンは、塩化ビニールやPCBなどの物質を含んだものを燃やした時に、化学反応によって生じる。先進各国では、ダイオキシンに対する厳しい規制を行っている。日本では、一九九六年一〇月、厚生省が「ごみ処理のダイオキシン類削減対策中間報告」を発表した。そこでは「耐容一日摂取量」を、ヨーロッパ並みの一〇ピコグラム（体重一キロ当り。一ピコグラムは一グラムの一兆分の一）とすべきだとされている。

このように、人体にとって極めて有害な物質であるダイオキシンを、ベトナムの人々は、解放戦争の過程で、また日々の生活の中で、そのダイオキシンを含んだ枯れ葉剤を長期間にわたって直接浴びたり、また汚染された水や食べ物から摂取することを強いられたのだ。その結果、多くの人々の間に免疫不全や発育不良、神経障害、生殖機能障害など様々な症状を発生させた。その被害者数は、数百万人とも言われるが、多くの人々が治療らしい治療も受けられず、発ガンや流産などの障害で生命を失っていった。しかも枯れ葉剤による影響は、戦争が終わって一五年も経ってから本格的に現れはじめた。枯れ葉剤によって遺伝子を傷つけられた両親の間から生まれた子どもたちへの影響であった。それは、五〇年経ったいまもつづく。

一九九五年四月の戦争終結二〇周年に「ベトナム戦争の被害実態」についての調査報告を出したベトナム政府は、「米軍が枯れ葉剤を使用したため、奇形を持った新生児が約五万人にのぼった」というデータを発表している。この時、同時に発表されている、兵士や市民の犠牲者数について、「当時の北ベトナム軍や南ベトナム解放民族戦線の兵士の死者が合計一一〇万人、負傷者六〇万人、行方不明者約三〇万人、南北ベトナム人の一般市民の死者約二〇〇万人」とも報告されている。これに、当時アメリカ軍と共に戦った南ベトナム軍兵士の死者約二二万人を加えると、戦争中に死亡したベトナム人の総数は、約三三〇万人ということになる。

少年の眼には涙が

二〇〇八年、私たちの運動は、枯れ葉剤被害児童の追跡調査記録の一環としてＤＶＤ「それでも私は生きてゆく」を作成し、日本国内で上映運動を展開した。以下は、その際に作られたパンフレットに寄せた私の一文である。

枯れ葉剤被害児童を前にして、できることなら「目を背けたい」「触れたくない」「そっとしておこうよ」と思うのは、私だけではないだろう。あまりにも残虐で悲惨な現実を前にすると、人は耐え難い思いに襲われる。

私が一九九五年、初めて訪れた「戦争犯罪展示館」には、「アメリカ軍の枯れ葉剤が引き起こした影響」を告発する部屋があった。使用されたダイオキシンの量、投下された地域、そこで犠牲になった人々の数などが展示される一方で、部屋にはホルマリン漬けにされた「奇形胎児」が置かれていた。多くの見学者のなかに、その胎児をじっと見つめる一人の少年の姿があった。少年の眼にはいっぱいの涙が溢れていた。彼は何を感じ、何を恐れていたのだろう。心中を察することもできなかった。ただ私は、そのときの少年の眼を忘れられない。

一九九五年以来、私はベトナムにおける残酷な現実から決して眼を逸らさないために、毎年ベトナム各地を訪問してきた。父や母の遺伝子を通して枯れ葉剤と遭ってしまった子どもたちの姿を追い、苦悩する両親の声を聴くことに努力してきた。しかしそれはまだまだ充分とは言えない。しかし、少しでも彼らの真実の姿の中に、私たちのこれからの「道しるべ」となるものが必ずあると信じている。

日本をはじめ世界からの支援、ベトナム政府の努力によって、大人の被害者のみならず被害児童のための治療・医療機関、リハビリ医療施設なども少しずつではあるが改善され進歩してきているようだ。障害を抱えて生きていくことは厳しい。そうした若者が自立できるように援助する施設もできてきた。関係する人びとの涙ぐましい努力によって、ここ数年間の訪問では、その成果も垣間見えるようになった。子どもたちの成長は、少し将来への展望を見せてもいる。だが、暗い影も付きまとう。

「この冬が越せるだろうか。なんでも口にしていた娘がミルクしか口にしなくなった」と案じる母親の姿がある。

懸命にリハビリに取り組む娘を見ながら「結婚よりも一人になっても生きられる糧を持ってほしい」と訴える母親。娘は身体機能を回復しつつあるのだが、私たちには見せない部分の身体に黒いアザを持っている。母親は言う。「同じように枯れ葉剤で障害のある子供が生まれたら、彼女は悩むだろう。だから彼女には結婚はして欲しくないの」と。

あるところでは妹の将来を案ずる姉がいた。妹は両手の指がくっついてしまう症状で、手は指一本しか使えない。「これから生きていけるのか」。そう案ずる姉自身も、最近になって、頭や喉、胸や足、腕などが痛みだしたという。

これらはみんな二〇歳代の若い娘さんたちだ。枯れ葉剤を浴びたことによって日々の生活の中で苦しみもがく両親のもとで二〇数年間生き、これからも生き続けたいと願う若い人たちなのだ。こうした事実の根源を、彼らの姿と共に、私たちも学び続け、行動に移していくことが、今求められていることなのではないかと思う。

寄稿

寄り添ってきた一五年

鎌田篤則

細谷さんとの枯れ葉剤爆弾被害者支援の〝旅〟の始まりは一九九五年だった。当時よく、訪問の時、現地プレスに「どうして、この活動をはじめたのか」とインタビューされた。わたしは「事実を目にした以上、避けてとおるか否かだ」と答えたのを覚えている。それが一五年の歩みとなった。

以来、掲げた活動の三つの柱の一つである「枯れ葉剤爆弾被害者のところに足を運び、聞き取り、状況証拠から枯れ葉剤爆弾と症状の因果を記録していく」任務は、もっぱら細谷さんの活動となった。

枯れ葉剤爆弾被害者とともに

枯れ葉剤爆弾被害者の状況を記録することになったきっかけは、一九九五年四月三〇日のベトナム「南部解放・統一」二〇周年を記念する訪問団が、ベトナムのホーチミン共産主義青年同盟の招待で訪越し、ハノイの枯れ葉剤爆弾被害児童リハビリ医療施設「ホアビン村」での枯れ葉剤爆弾被害児童との出会いだった。

この訪問団を企画したＩＦＣＣ国際友好文化センターは、帰国後枯れ葉剤爆弾被害児童支援の活動を開始した。その柱は以下の三つだった。

一、事実を広めるためには、まずベトナムを身近に知ってもらいながら、枯れ葉剤爆弾被害の状況を伝えていこうと、ベトナム民族アンサンブルを招聘しチャリティコンサートをはじめた。当時は飛行機の直行便もなかった時だった。

二、枯れ葉剤爆弾被害の医学的因果関係を証明するデータは皆無でアメリカは秘匿していたため、フィールドワークで足を運び、聞き取り、状況から因果関係のデータ収集を行うことをはじめた。当時知られていた〝ベトちゃん、ドクちゃん〟の双子は氷山の一角だった。

三、チャリティコンサートで基金を創り、リハビリ可能者への支援を行う。リハビリ不可能重症者は家族に任せられ、無為とはいわないまでも無策の状態に置かれていた。

以来、支援活動の大きな柱となってきたベトナム民族アンサンブルを招聘したチャリティコンサートは、二〇一〇年までの一五年間継続され、二八四会場、延べ来場者七万人強、協力券購入協力者数一一万人以上になる。

一五年間で作られた基金は累積概算で一七、三〇〇、〇〇〇円になった。

チャリティコンサート開催のきっかけとなった、ハノイ郊外にある「タンスアン・ホアビン村」（日本語ではホアビンは〝平和〟の意味）と呼ばれる枯れ葉剤の後遺症をもつ子ども達の施設に、第一回目のコンサート収益金六〇万円が届けられた。ちなみに、ホアビン村へは毎年支援金の一部が継続して届けられ、一九九八年からリハビリ通所のための奨学金制度も実施された。第二回目以降は毎年、ベトナム側が緊要とする省への支援を行い、一九九七年の重点はタイビン省の子ども救護委員会で、約一七〇万円を届けた。一九九八年の重点は、ベトナム南部のタイニン省（ホーチミン・ルートの出口で枯れ葉剤投下の激しかった場所）の病院で支援総額は一、四四九、六〇〇円。一九九九年度は、ベトナム中部のクアンチ省人民委員会及びハタイ省のリハビリ医療施設「友情村」などへ、一、二三二、〇〇〇円の支援。累計総額は四、九八一、六〇〇円となった。

二〇〇一年より、タイビン省でのリハビリ医療施設建設プロジェクトがスタートし、二〇〇四年二月に開所した。プロジェクトは総額一五万米ドル（日本側八〇、〇〇〇ドル、ベトナム側七〇、〇〇〇ドル相当）で、コンサート収益金で約一、一〇〇万円（二〇〇〇年〜二〇〇七年）を調達した。同所には二〇〇六年、ＪＶＰＦ村山富市会長が日本国政府に要請し、リハビリ後の障害者の職業訓練による自立を目指した「障害者職業訓練センター」（一、〇〇〇万円）も建設された。

二〇〇八年〜二〇一〇年のチャリティコンサートによる基金総額一、五〇〇、〇〇〇円はタイビン・リハビリ医療施設で準備されている「生存と尊厳のための自立」支援プログラム（技術指導、生産場設置、商品開発、販路確保）の管理運営費として充てられてきた。

一九九七年に細谷さんら三人でタイビン省を訪問して以来、人数や形は時々で異なったが、訪問団は毎年派遣され、その都度、被害者を訪ね記録し、そして帰国後報告してきた。

わたしたちは一九九七年にタイビン省で入手した現地撮影の枯れ葉剤爆弾被害児童のフィルムをもとに、二〇〇三年、追跡記録フイルム『歪められた遺伝子』を作製した。さらに、二〇〇八年五月、再びタイビン省で追跡取材し、新しいDVD『それでも私は生きてゆく』を製作した。この過程ですでに亡くなっていた人も多くいた。アメリカでのキャンペーンのため英語版も製作した。細谷さんはこのDVDでインタビュアーを務めた。

当初、記録することは〝告発〟の旅だった。それは徐々に変わって行った。もうひとつ大きなテーマが加わった。「平和のための生き証人」を記録し続けると同時に、それでもなお必死で生きている障害者に触れるにつれ、わたしたちは彼らの「生存と尊厳のための自立」を支援しようという気持ちが強くなってきた。

二〇一一年は、枯れ葉剤爆弾投下から五〇年の年にあたるが、ベトナム民族アンサンブルチャリティは一六年目となる。今年はベトナムの人々の気持ちを東日本大地震、津波被災者へ届ける激励と友情のコンサートとなった。

一五年の〝旅〟を振り返る

◇リハビリ医療施設に頭を垂れる

タイビン省リハビリ医療施設は、確たるスポンサーもない中でチャリティコンサートの協力券収入のみで作られた。総額一、一〇〇万円を五年以上かかって作った。日本国内の協賛者の方々は言うをまたないが、ベトナムから私達の招聘に協力してくれた民族アンサンブルの皆さんの「心」を、リハビリ医療施設を見るにつけ思う。

頭が垂れる。長い時は一ヶ月半で三〇回のコンサートを行った。経費節約のため、コンサート後の食事会場の大広間にごろ寝で泊ったこともあった。コンサート後、夜間移動し二時間仮眠で次のコンサートをしたこともあった。ハノイのタンロン・シアターアンサンブル、ホーチミンのＡＵＣＯグループ、桃花グループに頭を垂れる。

◎写真パネルは自前

枯れ葉剤爆弾被害の写真で日本の有名な写真家にはパネル借用を断られた。自分たちで現地で写した写真を拡大し手作りでパネルにして展示活動をしてきた。でも、今となってはこれが活動源になったかもしれないと思う。写真家でも文化人でも研究者でもないのだから。

◎医者の一言

その筋の専門の医者からは「ダイオキシン被害は遺伝ではない」と指摘された。「遺伝子障害」と表記していたが「障害が遺伝による」とは一言も言ってこなかったにもかかわらず、である。

悲しかった。わたしたちは暗中模索であった。告発し続けること、事実を広げ伝えること――の重荷を痛感した時だった。リハビリ可能者のわずかにしか手を差し伸べることしかできなかった。多くの、リハビリ不可能者重症者は自宅療養以外に道はなく、その多くが二〇代半ばで死亡していく。平和の生き証人が消えていく。

◇隠す人々

アメリカ政府が責任をとってこなかったことは政治の世界のことであろうが、枯れ葉剤爆弾の製造元の化学薬品会社も含め、製造者たちは何らの製造過程のデータを公開してこなかった。被害者には処方箋も対策もなく放置されていた。

まず、製造元が隠した。さらに、被害者たちは、それが枯れ葉剤爆弾によるものと認識し始めてから、自ら隠し始めた。あたかも自分たちが呪われた存在でもあるかのように。だから、被害者推定数と全国統計にあまりにも乖離があった。

一つ一つの症例を記録し、積み上げていくことの大きな意味はここにあった。

◇映像記録で考えた

記録する旅は、当初、告発の旅だった。二〇〇三年に制作した追跡記録ＤＶＤ『歪められた遺伝子』は、文字通り枯れ葉剤爆弾の事実を映像で告発した。強烈だったと思う。二〇〇八年の追跡記録ＤＶＤ制作にあたって、関係者と相談し、タイトルを『それでも私は生きゆく』とした。「生き証人として必死で生きている被害者の傍に、私達はいつも居よう」という思いからであった。

口ずさむ度に涙が滲むが、このＤＶＤ制作にあたった映像作家・鈴木伊織氏が二〇〇八年版にあたり次のような言葉を寄せている。

――どうしてそんなに悲しい顔をしているの？

――戦争は終わった…もう終わったんだよ

いいえ、戦争は終わっていません…
それはまだ
私達の身体の中で続いているのです

いつになったら戦争は終わるの？
私達の身体の中で続く戦争は…
こんな姿で生まれてきたのは
悲しいけれども　でも
それでも私は生きてゆく

今は「生存と命の尊厳」を確かめる旅へ変わってきた。

◎不発弾を体内に宿した人々

ことの重大さを、最近また痛感させられた。二〇一一年八月二日に、同年五月以来二度目となるクアンナム省を訪れ、枯れ葉剤爆弾被害者家庭慰問を行ったが、その中の一家族は夫婦が四三歳であった。ベトナム戦争終結から三六年を経ているから、戦争終結時には六歳である。三人の子どものうち二人の娘が殆ど寝たきりの精神薄弱の状態である。

クアンナム省は中部ダナンの南に位置し、有名な観光地ホイアンがある省である。東方は海で西方の山岳地帯を超えるとラオスである。アメリカとの戦争当時は枯れ葉剤爆弾が大量に投下された地域である。

以前と異なり、最近はベトナム国内の物流も活発化し、それに伴い人の往来も活発になってきている。人の出会いは広域になっている。

不発弾が漂う範囲が広がってきている。

思いは尽きないが、一五年の歩みが、その足跡が、本書に集大成された。わたくしごとのようにとても感慨深い。

研究書ではないが、文字通り足で記録してきた研究書を超える事実がここにある。事実が忘却されるか隠蔽されつづけるかは、今後に生きる人々にかかっている。今に生きるわれわれは、少なくとも記録し事実を残しつづけることをしなければと思う。

ＩＦＣ国際友好文化センター事務局長
ＪＶＰＦ日本ベトナム平和友好連絡会議副理事長

第2部　私のベトナム日誌一五年

［2004年2月］開所された「枯れ葉剤被害リハビリ医療施設」（タイビン省）

ベトナム
VIETNAM
1:9,000,000
0
100km
中華人民共和国
PEOPELE'S REPUBLIC
OF CHINA
ラオス
LAO PEOPLE'S DEMOCRATIC
REPUBLIC
タイ
KINGDOM
OF THAILAND
カンボジア
KINGDOM OF CAMBODIA
ベトナム
SOCIALIST REPUBLIC
OF VIETNAM
P.290 ラオカイ
Lào Cai
サパ P.290
Sa Pa
バックハー
カオバン
Cao Bằng
ドンダン
Đồng Đăng
ランソン
Lạng Sơn
チンチョウ
欽州
ベイハイ
北海
モンカイ
Móng Cái
ライチャウ
Lai Châu
ディエンビエンフー
Điện Biên Phủ
タイグエン
Thái Nguyên
ハノイ
Hà Nội
P.220
ドンホー P.272
Đông Hồ
世界遺産
ハロン湾 P.260
Vịnh Hạ Long
ハイフォン P.266
Hải Phòng
ホアビン
マイチャウ
バッチャン
Bát Tràng
ホアルー
ニンビン Ninh Bình
タムコック P.278
Tam Cốc
タインホア
Thanh Hóa
ムオンセン
ルアンプラバン
Luang Prabang
ジャール平原
リジカオ
トンファン
東方
海南島
ヴィン
Vinh
パクサーン
Pak Sane
カムクット
Kam Keut
ハーティン
Hà Tĩnh
ムアンナン
Muang Nan
パクライ
Pak Lay
ビエンチャン
VIENTIANE
ウタラジット
Uttaradit
ウドンタニー
Udon Thani
フォンニャ・ケーバン国立公園
タケック
Thakhek
世界遺産
ムアン・サコン・ナコーン
Muang Sakon Nakhon
ムアン・ピサヌローク
Muang Phitsanulok
DMZ
P.192 (非武装地帯)
クアンチ
Quảng Trị
コンケン
Khon kaen
サバナケット
Savannakhet
フエ P.177 世界遺産
Huế
ダナン P.201
Đà Nẵng
ホイアン 世界遺産
Hội An
ミーソン遺跡 P.216
世界遺産
コラート高原
Khorat Plateau
ナコーン・サワン
Nakhon Sawan
ウボン・ラチャタニー
Ubon Ratchathan
クアンガイ
Quảng Ngãi
シーサケー
Sisaket
ナコーン・ラチャシマー
Nakhon Ratchasima
ロッブリー
Lop Buri
コントゥム
Kon Tum
サムロン
Samrong
コーン
Khong
プレイク
Pleiku
クイニョン
Quy Nhơn
バンコク
BANGKOK
シソポン
Sisophon
P.204
アンコール遺跡群
Angkor Wat
世界遺産
P.326 シェムリアップ
Siem Reap
バタンバン
Battambang
ストゥントゥレン
Stung Treng
トゥイホア
Tuy Hòa
バンメトート
Buôn Ma Thuột
トレンサップ湖 P.327
サタヒップ
Sattahip
チャンタブリー
Chanthaburi
コンポンチュナン
Kompong Chhnang
バンクロイ
スヌール
Snoul
P.150
ニャチャン
Nha Trang
P.170 ダラット
Đà Lạt
チャーン島
Chang
クット島
Kut
プノンペン
PHNOM PENH
ファンラン
Phan Rang
ムイネー Mũi Né
ファンティエット
Phan Thiết P.160
カスコン
Kas Kong
タイニン
ソンベー P.134
Sông Bé
タイランド湾
Gulf of Thailand
シアヌークビル
Sihanoukville
カムポート
Kampot
チャウドック
Châu Đốc
P.147
P.132 クチ
ホーチミン P.54
Hồ Chí Minh
ハーティエン
Hà Tiên
カオラン
ミトー
カンザー P.135
ヴンタウ P.164
Vũng Tàu
P.167 フーコック島
Đảo Phú Quốc
ロンスエン
メコンデルタ
P.136
ワイ島
Way
ラクザー
Rạch Giá
カントー P.141
ヴィンロン
P.137
ソクチャン P.137
Sóc Trăng
南シナ海
South China Sea
パンジャン島
Panjang
カーマウ
Cà Mau
バックリエウ
Bạc Liêu
ゴックヒエン
Ngọc Hiển
カーマウ岬
Mũi Cà Mau
コンダオ
Côn Đảo
ナコン・シー・タンマラート
Nakhon Si Thammarat
N

[1997 年 12 月 19 日]
タイビン省
15 歳のハさん

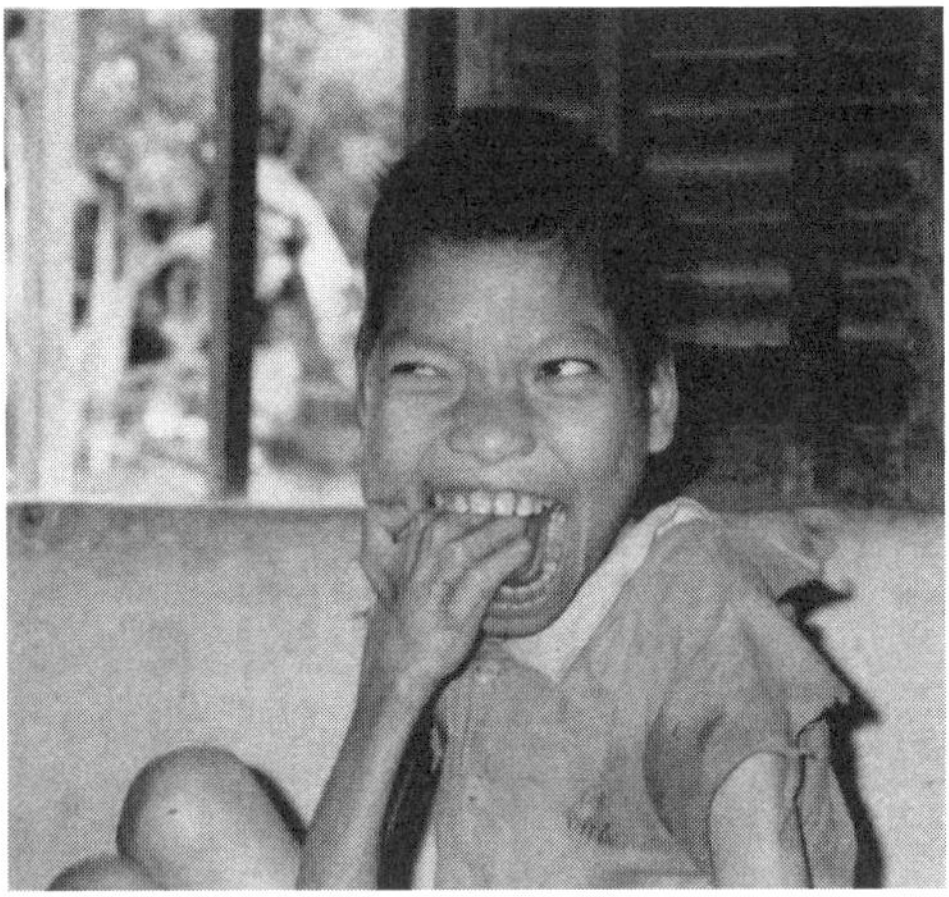

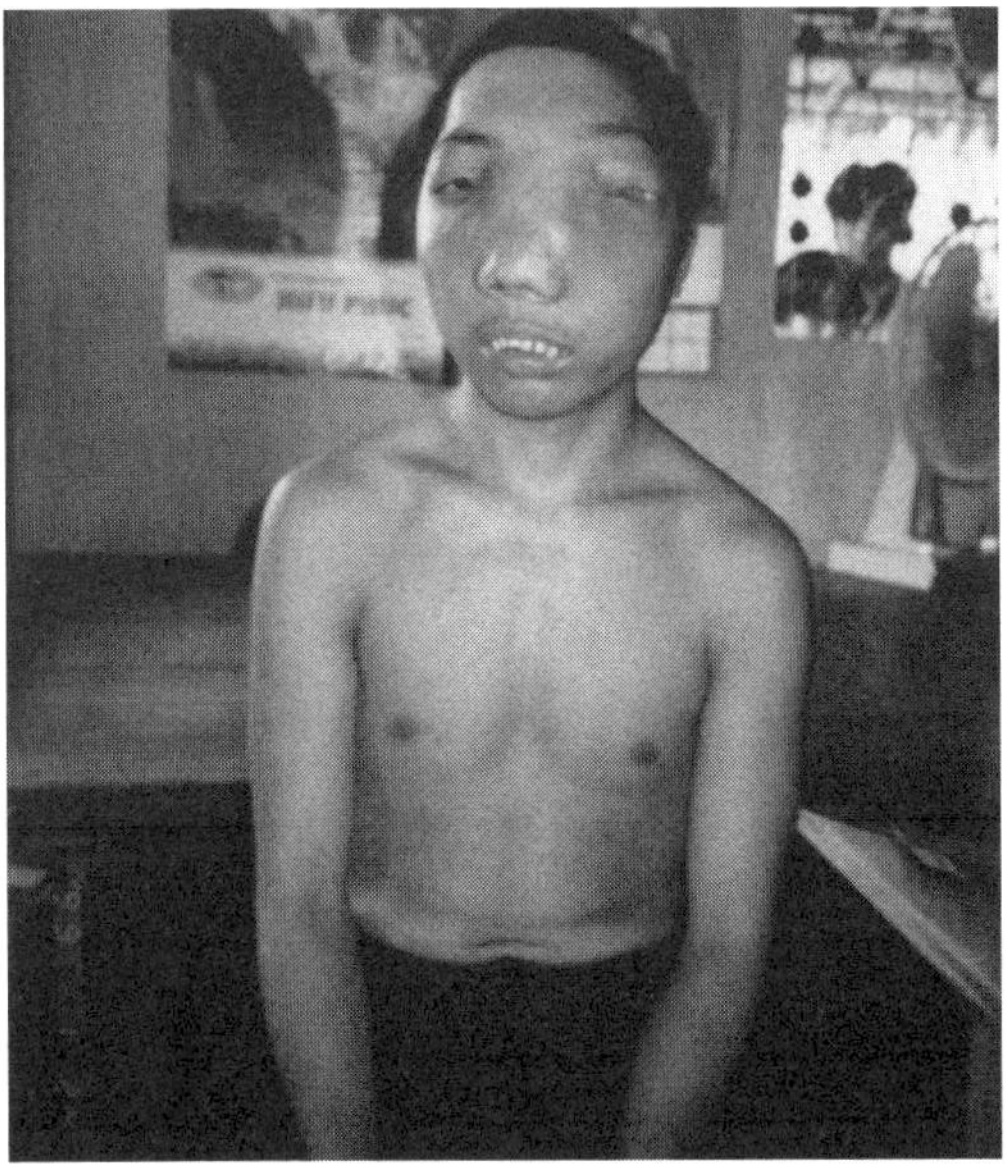

[1999 年 1 月 23 日]
タイニン省
21 歳の青年

[2001 年]「戦争証跡博物館」に展示されている黒肉腫の少女トアさん

[1996 年 12 月 30 日] ホアビン村にて　12 歳のトアさん（右から 6 人目）

［1999 年 1 月］ホアビン村にて
14 歳のトアさん（中央）

［2001 年 1 月］ホアビン村にて
17 歳のトアさん

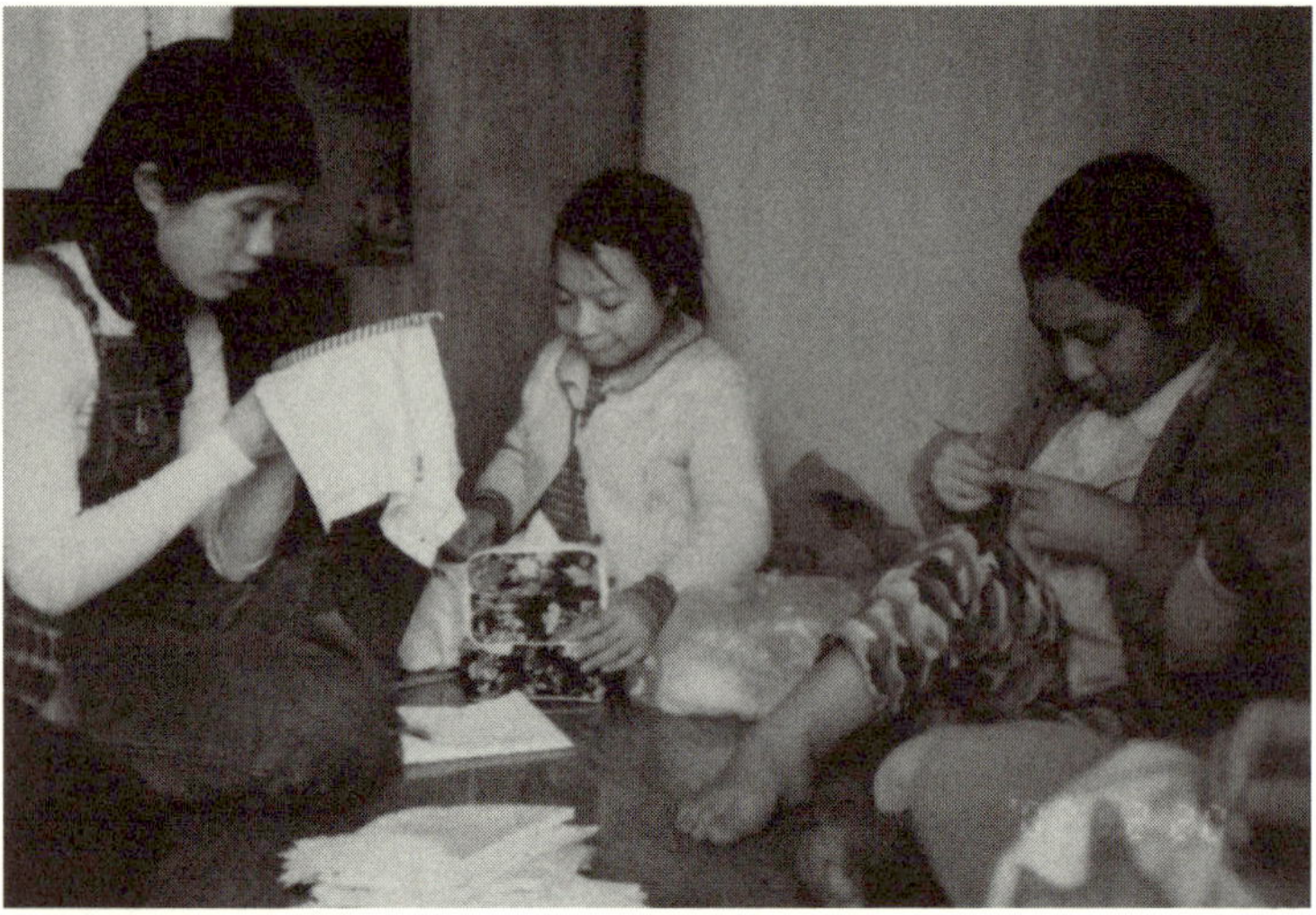

[2002 年 2 月 20 日]　ホアビン村にて　18 歳のトアさん（左端）

[2003 年 2 月 21 日]　タイビン省にて　19 歳のトアさん（右端）

［1995 年 4 月 27 日］ホアビン村にて　9 歳のピンさんと 11 歳のクェンさん姉妹

［2001 年 1 月 30 日］ホアビン村にて　17 歳のクェンさんと 15 歳のピンさん

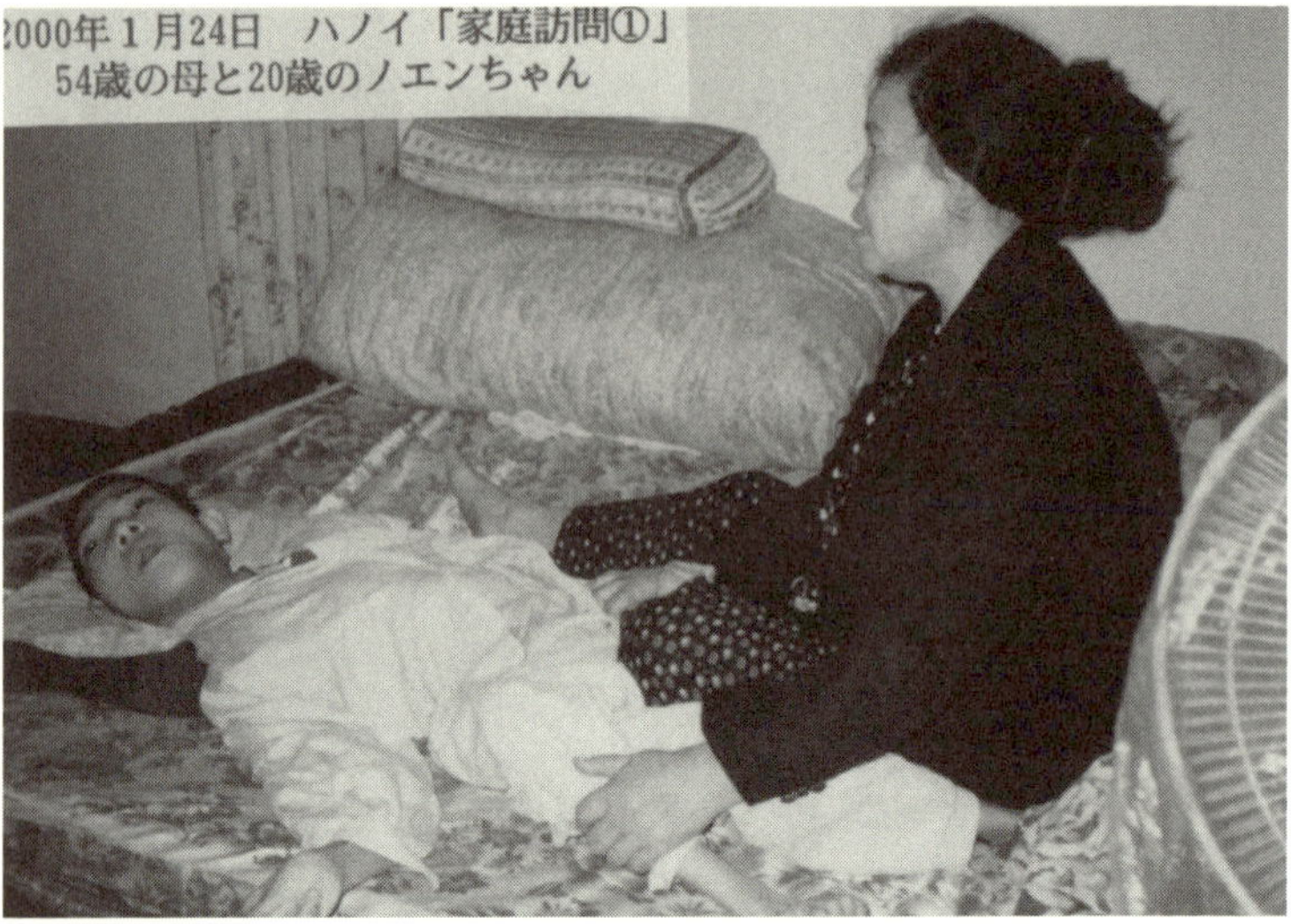

［2000 年 1 月 24 日］ハノイ　54 歳の母と 20 歳のノエンさん

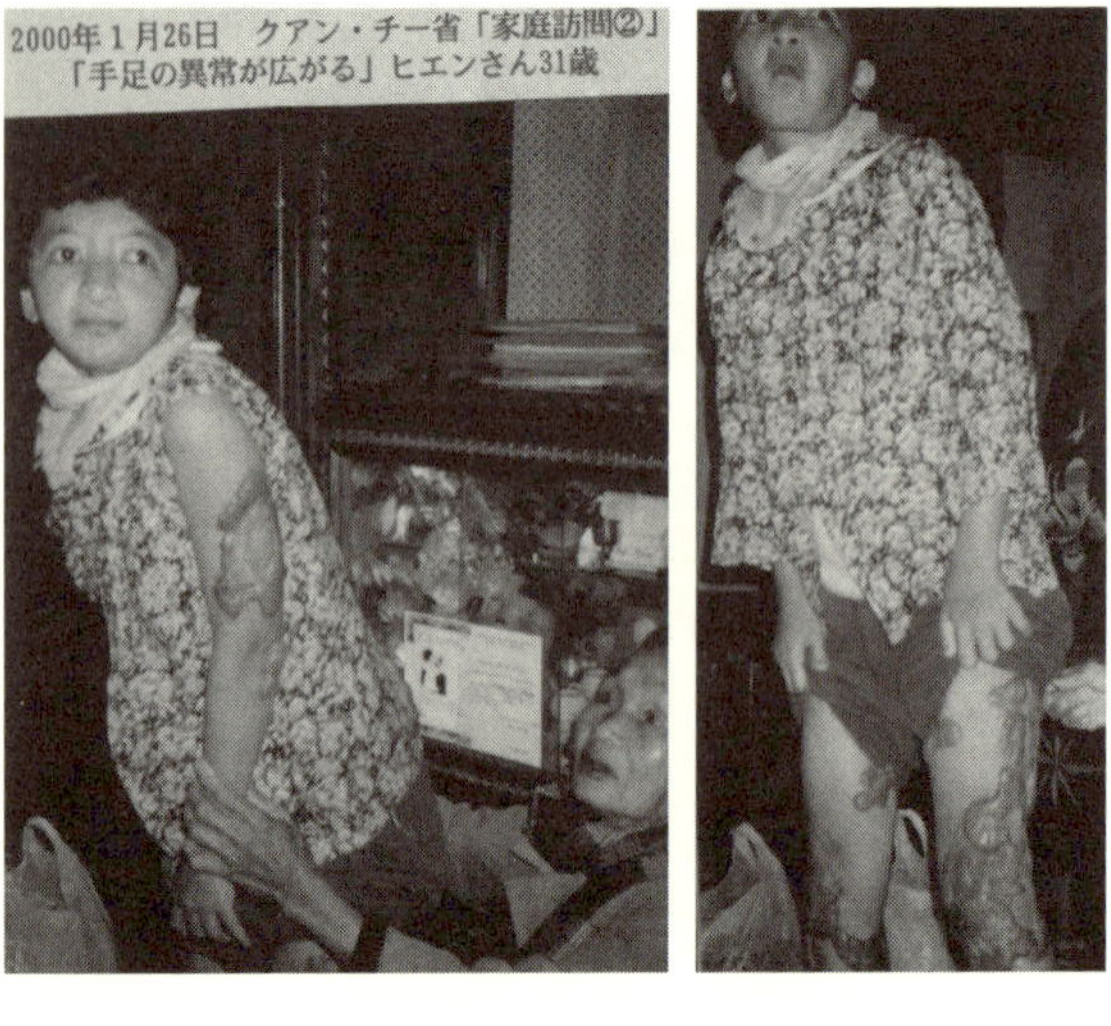

［2000 年 1 月 26 日］クアンチ省「手足の異常が拡がる」ヒエンさん 31 歳

［2001 年 2 月 1］ダナン
音楽の好きな娘（18 歳）

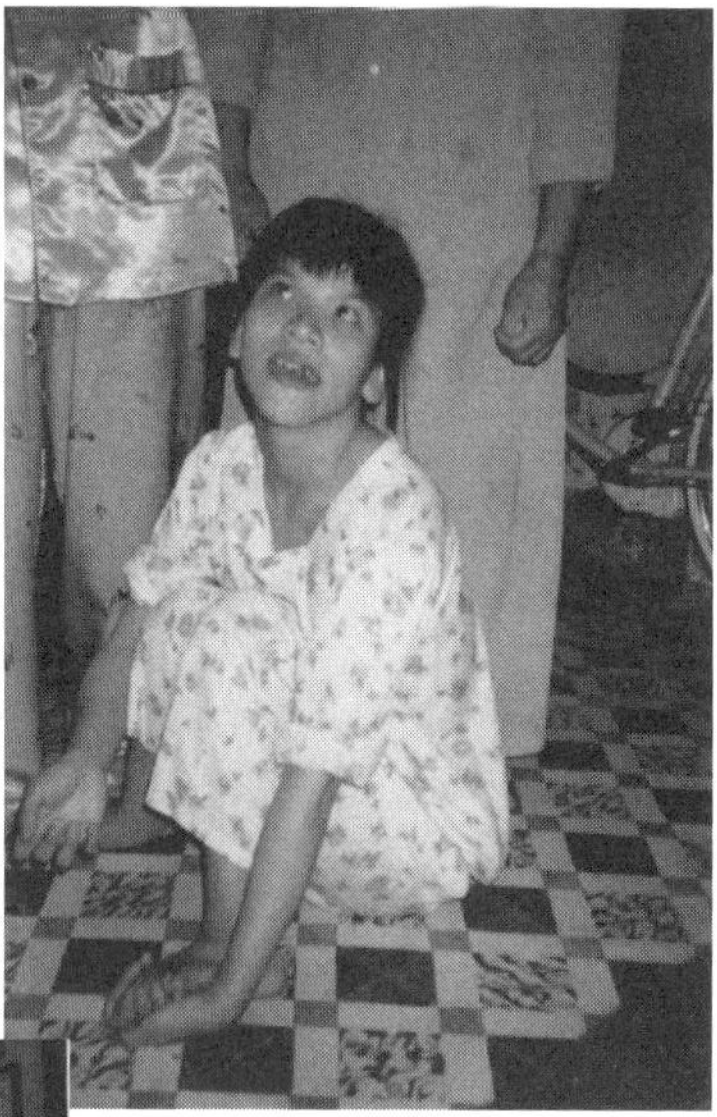

母（43 歳）、祖母と弟（13 歳）と

［1997 年 12 月 18 日］ ホアビン村にて
兄弟と鎌田団長——彼らの足首は逆向きである

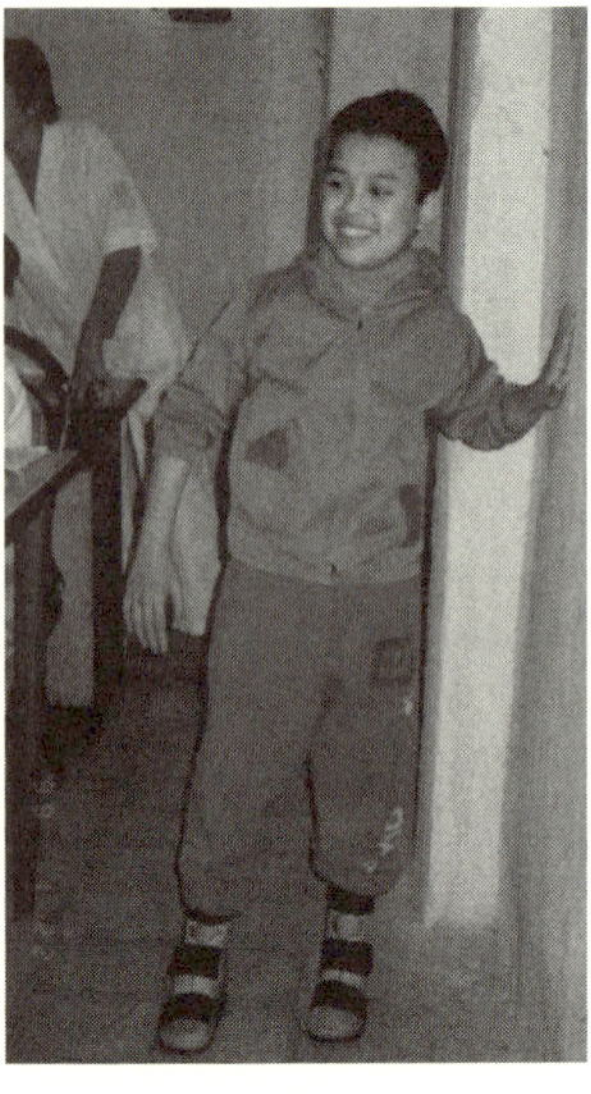

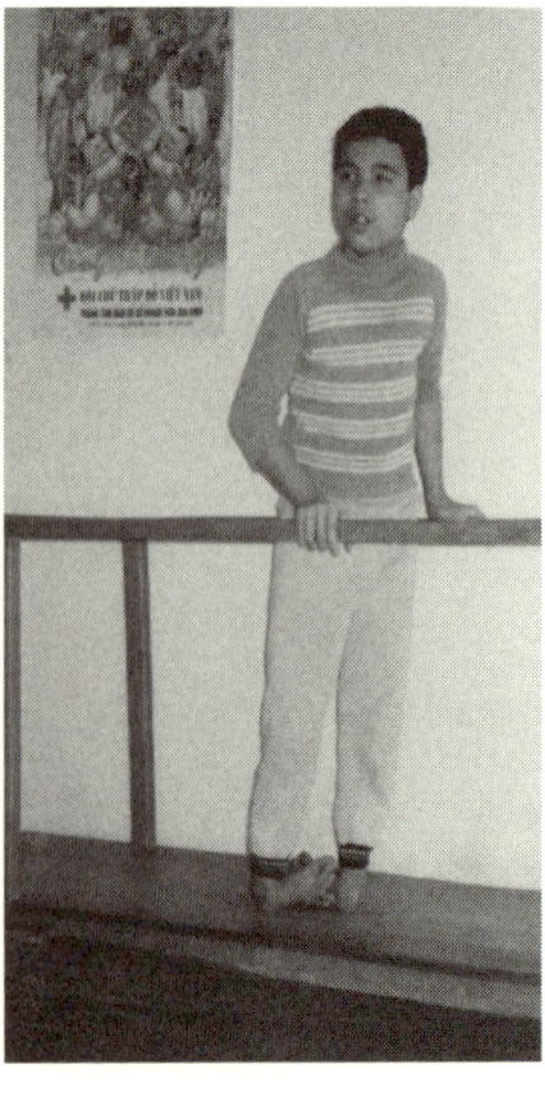

［1999年1月］
矯正靴で伝い
歩きをする弟、
兄の足にも矯
正靴が必要

[2004年2月18日］中学生クラス勉強会
ズボンを上げて見せる弟

立ち上がるが、下半身の成長があまり芳しくない

[2004 年 2 月 20 日] 戦争証跡博物館　枯れ葉剤被害児童、左上にトアさんが、右下に「ホルマリン漬けの子どもたち」が

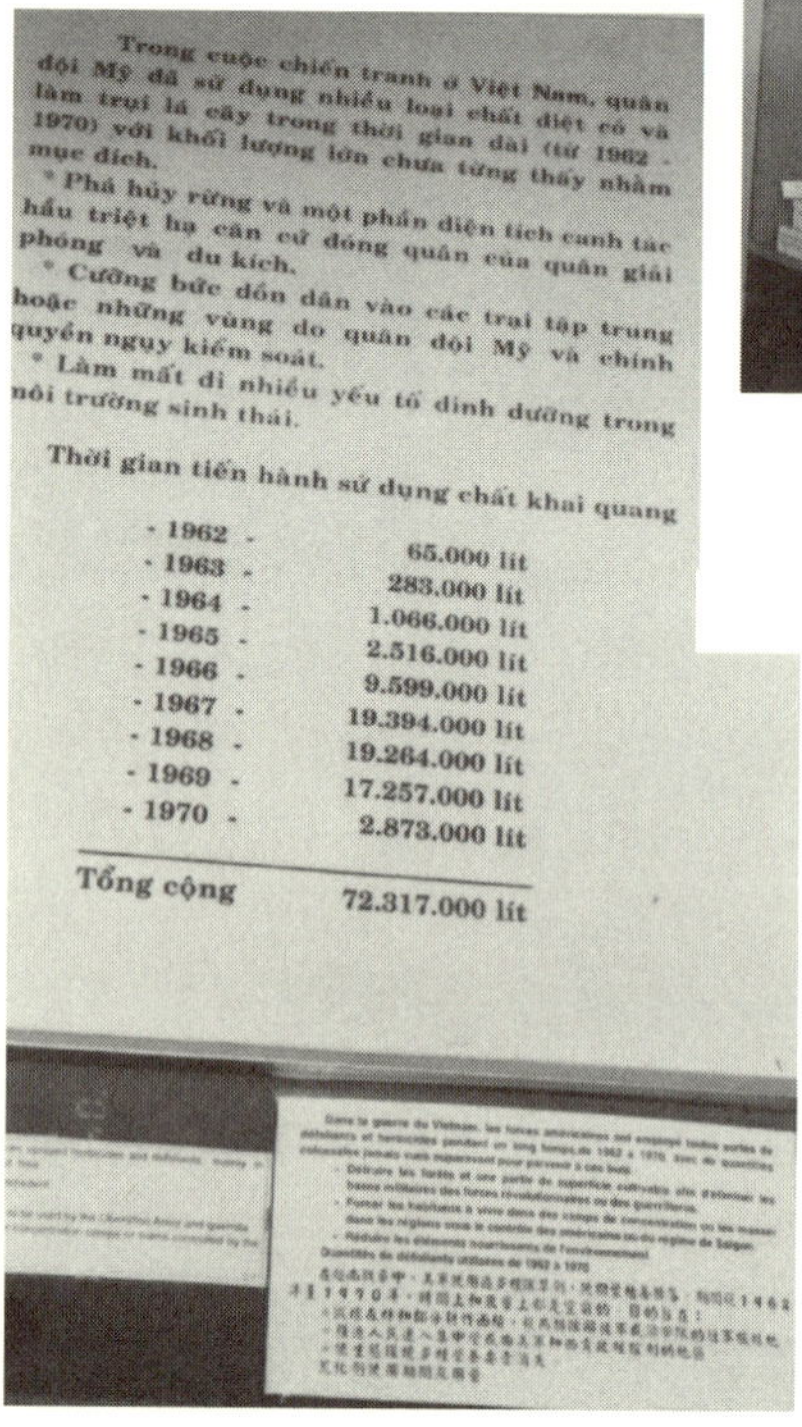

1962 年～ 1970 年の間に撒かれた枯れ葉剤の量

[2006 年 2 月 20 日]
タイビン省
リハビリセンターにて
トゥオンさんと著者

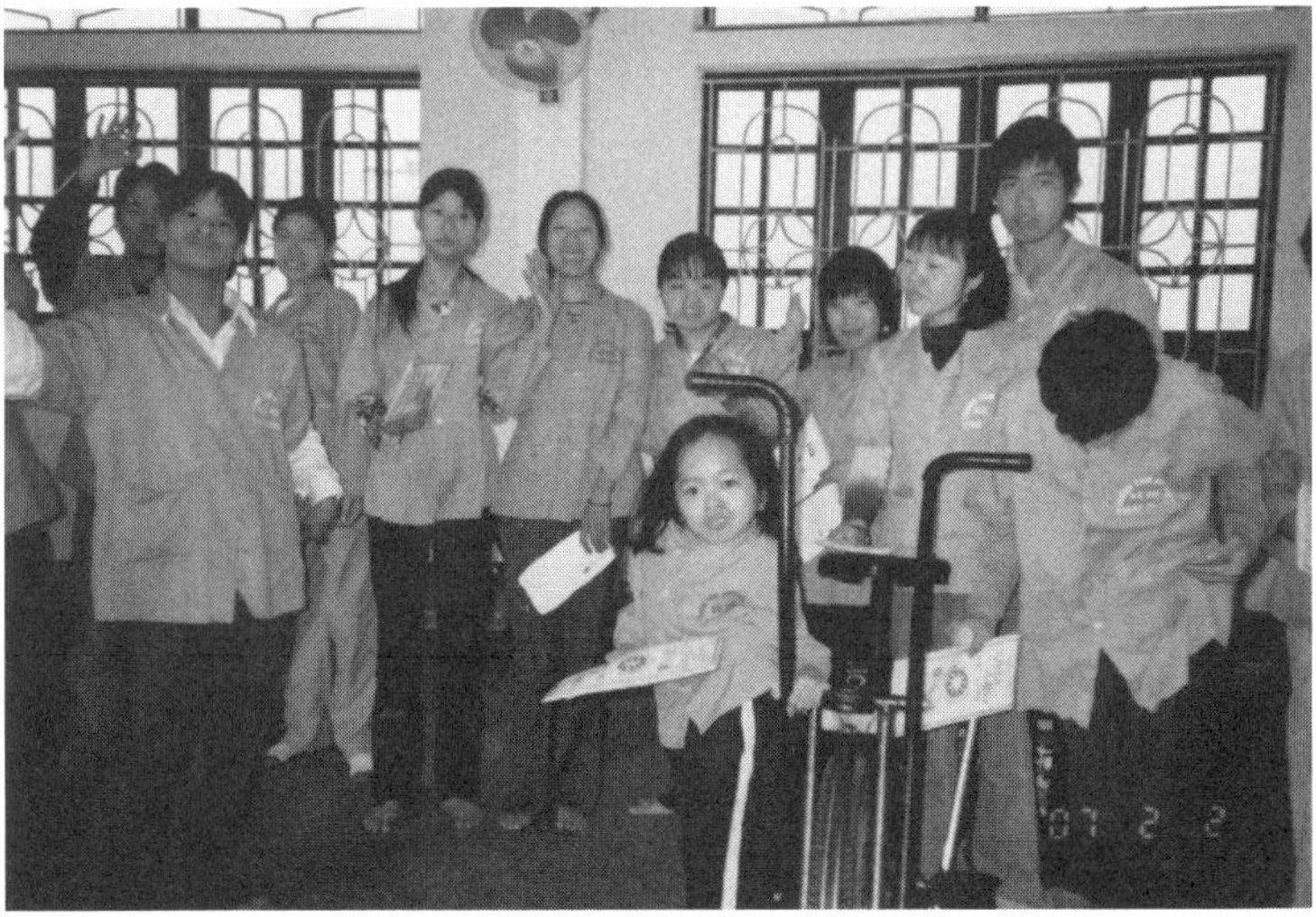

[2007 年 2 月 2 日] タイビン省リハビリセンターにて　笑顔の見送りを受ける

[2009 年 5 月 23 日]
タイビン省リハビリセンターにて　巧みな子どもたちの手作業・足作業

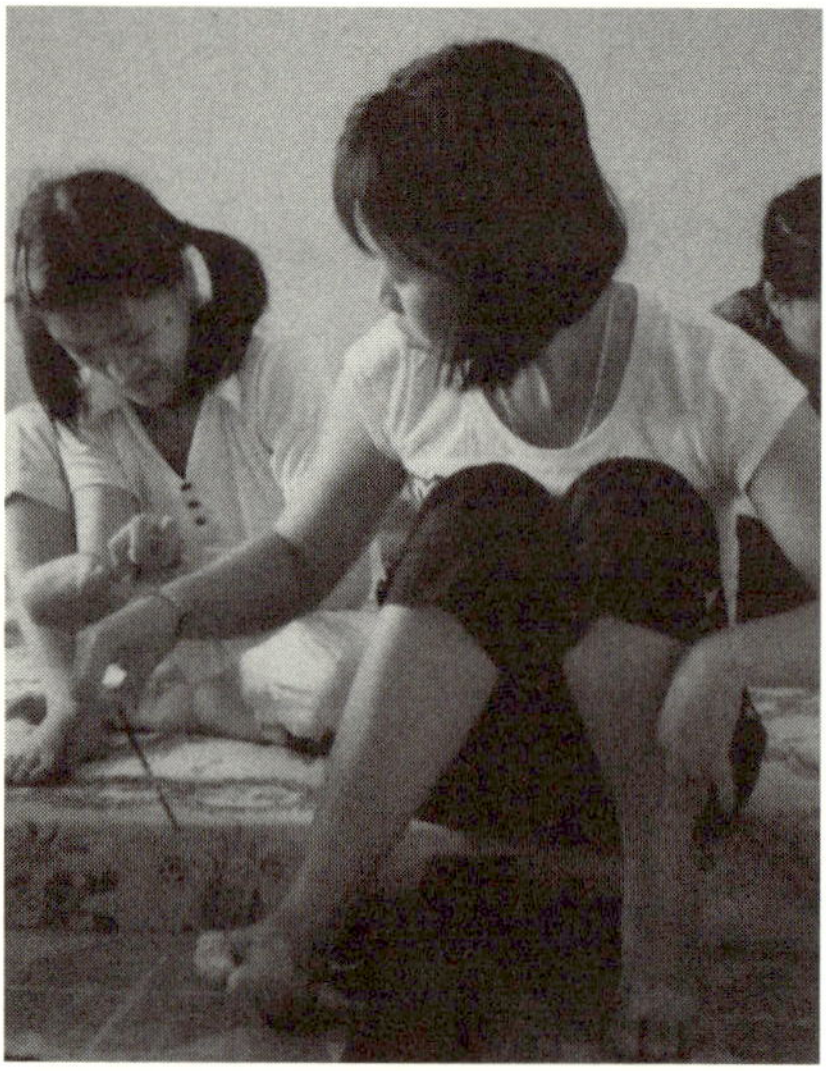

［2010 年 5 月 22 日］ タイビン省リハビリセンターにて
再会を喜ぶ 30 歳になったトゥオンさんとともに

1 はじめての見学——ホアビン（平和）村、戦争犯罪展示館

〔第一回訪問（一九九五年四月二六日〜五月三日）〕

私にとってははじめての訪越である。「ベトナム南部解放・統一」二〇周年を記念する訪問団に加わった。団長は鎌田篤則氏（IFCC国際友好文化センター事務局長）を軸に総勢一七名の団である。ベトナム側の受け入れは、ホーチミン共産主義青年同盟（代表のグェン・バン・キー氏は「シデコ」＝国際青年協力開発センターの議長も兼ねている）。

訪問先は、ホーチミン共産主義青年同盟、ホアビン（平和）村＝枯れ葉剤被害者施設、ベトナム労働総同盟、革命博物館、以上ハノイ市。「ベトナム南部解放・統一」二〇周年記念式典参加、慈善（社会活動）センター、ホームレス児童施設、クチの地下トンネル、統一会堂（トング・ニャット宮殿）、戦争犯罪展示館、麻薬患者更正施設、以上ホーチミン市。

ホアビン（平和）村の概要——ヒェンさんのお話

四月二七日、ハノイ市にあるホアビン（平和）村でグエン・ミイ・ヒェンさんのお話を聞いた。彼女はこの「枯れ葉剤被害者施設」の所長であり小児科専門医である。五〇歳。医科大学を卒業し、チェコに四年間留学ののち一年間ドイツに留学、九一年からここに勤めている。一九七二年、彼女はバ

ンチュ省の戦場で夫を失った。この仕事をやろうとした動機は、自分の子どもが障害を持っていることからだという。今年二三歳になる息子は、この施設で訓練して健康を取り戻した。いま大学で学んでいる。学業を終えたら、いずれこの村に戻ってくるとのこと。以下はヒェンさんのお話である。

村は一九九一年一二月一七日に設立され、翌年二月から正式に活動を始めた。

ここには、子どもたちが七〇人、職員一五人がいる。この村の子どもたちはみんな、父母が枯れ葉剤で被害を受けているのだが、村には子どもだけが来ている。彼らはこの村で病を治し、将来のためにさまざまな教育と訓練を受けている。

子どもたちのほとんどは外科的傷害を受け、整形治療を必要とする傷跡を持っている。村に入る前に治すために必要な検査をじっくりと受ける。

この村の任務は二つある。一つは、枯れ葉剤によって残された子どもの傷跡を治すことであり、もう一つは、多くの子どもが知的障害を抱えているので、彼らに知識を教えることである。それは二つのグループに分けて行なわれている。一つのグループは、父親が軍隊に入る前に生まれた子どもたちだ。故郷が戦場となり、そこで生まれたことによって、その子自身に傷跡が残っている子どもたちのグループ。もう一つのグループは、解放軍に入った若者が枯れ葉剤を浴び、その後結婚をした両親から生まれた子どもたちのグループだ。

戦争には勝利したが、多くの傷ついた兵士たちが残った。彼らの健康調査はまだ全部できているわけではない。検査の費用は二、〇〇〇ドルかかるのだ。それでも重傷者を村ごとに選び治療している。ハノイにある「中国・ベトナム交流委員会」から資金を提供されてハノイ市に研究所を建てた。そこでは、かつて戦場に行った九、〇〇〇人のダイオキシン検査をしている。アメリカや日本からきた医者たちも研修に参加している。ここでは資金の面が一番のネックのようだ。

この施設は、一九九一年一二月、「ドイツ政府平和村」（ドイツにある戦争被害者の救護施設）の援助を受けてできた。一九九二年六月からは、運営資金のほぼ半分を政府からの援助でまかない、あとは子どもの家族、民間組織、外国人からの援助、畑で栽培し家畜を育て売って得た資金などで運営している。

村の子どもたち

村にいる六名の子どもたちは、かつて父母と一緒に住んでいたのだが、戦後いろいろな事情で一緒に住めなくなり、子どもだけがここで生活している。七〇名の子どものうち四九名は兵士だった父親が被害を受けた子どもたちであり、二〇名は農民や科学者の子どもたちである。大部分の人が枯れ葉剤の被害を受けている。

毎朝、子どもたちは基礎的教養・読書・音楽・テレビ鑑賞などをして時間を過ごす。その後、治療を受けるグループは、「記憶の回復（知能障害の回復）」「健康のための身体回復（身体機能の回復）」などを行なう。子どものなかには、身体的障害のため屋外に出られない子もいる。その子たちは部屋の中で学んだり、作業療法（コンピューターを学ぶこともその中に入る）などをする。残った子どもたちは、その障害の度合いに応じて治療を行なっている。「石細工」や「編み物」「刺繍」などを覚えて、家族に戻れるように教育しているのだ。家に戻った子どもの中には、その後このセンターに勤めている子もいる。

右：ホアビン村にて
上：ホアビン村の子どもたちの作品（石材工）

ベトナム全土には障害を持った子はたくさんいる。この村は狭くなってきたので、他の地区にもセンターを作りたいと考えている。こういう施設は全国に七ヶ所あるが、南部に六ヶ所、北部はハノイのここだけ。だから、ここには北の各地から子どもたちが集まってくる。南部はアメリカとの主戦場であっただけに、ホーチミン市の周辺だけで四つある。全体の収容人数はつかめていない。

この村は一九九一年から始まったが、スタート時が三〇〇人以上で、一九九四年の九月には二五〇人のこともあった。夏期休暇は一ヶ月、正月休暇は二週間で、その間子どもたちは家に帰るようにしている。子どもの年齢は六歳から一四歳、入村したらだいたい三年から六年間のカリキュラムになっている。ただ、ここの治療で十分に治らない場合もある。その後の問題は、残念ながらまだ解決していない。

人間の悲鳴が聞こえた——戦争犯罪展示館

五月二日、私たちは「戦争犯罪展示館」を見学した。そこを訪れるまでの私の予備知識といえば、『ベトナム戦争中の数々の戦争犯罪を告発する展示館』という小さなガイドブックだけ。そこには

「戦争で使用された戦車や大砲、爆弾の展示がある」「とりわけ枯れ葉剤による被害状況が克明に展示されており、ホルマリン漬けの奇形胎児も部屋の片隅に展示されている」「拷問の島と呼ばれたコンソン島の牢獄『トラの檻』を忠実に復元したものもある。この檻の中で、政府に反対する人々に激しい拷問が科せられたのだ」などと記されていた。

展示館の前にはタンク、戦車、地震爆弾などが立ちふさがるように並んでいた。いずれも、戦争中、アメリカが南ベトナムの傀儡政権に与えてきたものだ。私はこれらのものにはカメラのシャッターをきるつもりはなかった。私はこうした「人殺しの武器」よりも、「殺された生命・痛めつけられた身体」が訴える事実の中から「戦争とは何たるか」を、明らかにしたいと強く思っていたからである。

展示館に足を踏み入れた途端、人間の身体に残したナパーム弾の傷跡が目を奪う。あの広島や長崎で見てきたケロイドの再現である。一九七二年の一二月二一日から二二日にかけて被爆したハノイ市内の状況が、私の前に覆いかぶさる。私は案内人のザンさんの説明に耳を傾けながらも必死にカメラのシャッターを切った。「予備知識」からは聞きとれなかった、「声にならない声」、人間の悲鳴が聞こえてきたからだ。

「アメリカ軍が目標にした地点」「爆弾の破片で作られたベトナム女性」「大虐殺される村人たち」「つめをはがされた女性」などの展示がある。アメリカ軍の数々の残虐な行為の影から悲痛なベトナム人の「声」が聞こえてくる。その展示室の入口には、アオザイを着たベトナム女性が座っていた。彼女の眼は「事実をあますことなく見てほしい」と訴えているようだった。

気づかずにシャッターを押したのだが

さて、いよいよ「ベトナムにおけるアメリカ軍の枯れ葉剤が引き起こした影響」について告発している部屋になった。

私はアメリカ軍がベトナムで使用した枯れ葉剤の量が急増していることに注目した。一九六二年には六万五、〇〇〇リットルだったところが、一九六七年には一、九三九万四、〇〇〇リットルへと三〇〇倍にも跳ね上がっていく。これによって失われた生命を一体誰が補償できるというのだろう。私の心はふるえていた。

ベトナムの全人口（二六、二二六、四四九人）のじつに七・五％（一、九五九、〇〇〇人）が被災をした。とくに酷いのがフーカン県で、ここでは四九・八％が被災している。

私たちが部屋の片側に集まった機会に、私は二つの壁面一帯を何枚かの写真におさめた。そのときは気づかなかったのだが、帰国して写真を整理してみると、部屋の隅のところに展示されているホルマリン漬けの「奇形胎児」を、真剣に見つめる幼な子の姿が写っていた。べつの角度からの写真は、その幼な子が今にも泣き出しそうな顔で出口に向かっていることを写していた。何ということか、私はこの幼な子に気づかないままシャッターを押していたのだ。

息をのんで見た展示

入口を見ると、ここにもアオザイを着た女性が椅子に腰をかけ、説明を受けている一団を真剣な表情でじっと見ていた。口元を固く結び眼を大きく見開いていた。私の思い過ごしだろうか。涙を浮かべているようであった。彼女にも被害体験があり、その過去の記憶を思い出しているのだろうか。

部屋にはさまざまなパネルが展示されていた。

「沿岸地帯のミンハイ県における自然環境に与える影響」

「ベトナム全県における川と土壌のダイオキシンの影響（一九八六～一九九〇）」

「一九六一年を境にして二・八％（一九五五～一九六一）から九％（一九六二～一九六八）と跳ね上がるガンの発生率」

「五倍になっている枯れ葉剤による肝臓ガンの発生率」

「七三％にものぼるベンチャー州における奇形胎児の出産率」

私は息をのんでこれらの展示が訴えているものを理解しようとした。

最後の展示室に入った。そこでは、ベトナムの戦後二〇年、復興と安定を勝ち取ってきた歴史を説明していた。中央にアオザイ姿の女性が迎えてくれた。私たちの心情を想像してくれたのだろうか。優しい眼差しで微笑んでくれた。私の気持ちもやっとほっとしたのである。そう、事実をまっすぐに見つめて。

2 子どもたちの家を訪ねる

〔第二回訪問（一九九六年一二月二七日～九七年一月二日）〕

ホアビン村に支援金持参。団長は鎌田篤則氏（ＩＦＣＣ国際友好文化センター事務局長）、以下七名の団である。受け入れはホーチミン共産主義青年同盟、対応はシデコ＝国際青年協力開発センター。

訪問先は、革命博物館、枯れ葉剤被害者家庭訪問、シデコ、ホアビン村、以上ハノイ市。戦争犯罪博物館、以上ホーチミン市。

枯れ葉剤被害者家庭慰問へ

その日の午後、私たちはハノイから三〇キロ西にあるタングアイ郡に向かった。「枯れ葉剤被害者」の家庭訪問である。この郡には三〇戸くらいの被害者の家庭があるという。前年お世話になったホアビン村のヒェン先生と一緒に行動するはずだったのだが、先生が忙しく、若い男の先生が同行してくれることになった。彼はホアビン村に二年間勤めているという。その先生が説明してくれた。

「これから行く村は一九六七年から七二年の戦争で、アメリカが枯れ葉剤を撒いた地域へ出向き戦っていた人たちの村です。子どもたちは、身体が動かせない子、知能的にほとんど分からない子、会話ができない子など、重症の子たちです。大人たちはその村で子どもを育てる人もいるし、リハビリ中の人もいます。彼らは子どもと一緒に生活しているのです。村の医者が一定の期間に健康チェックにやってきます」

村へ着くまでの間、バスの中では「黒いオルフェ」「禁じられた遊び」「太陽がいっぱい」などの映画音楽が静かに流れる。前年に来たとき、車内でベンチャーズの曲がガンガンと響いていたのとはだいぶ趣が違う。思わず「こういう曲が好きですか」と聞いてもらったら、好きとも嫌いともいわず「店に行ってダビングしてもらった」とのこと。私たちに対するサービス精神なのか。朝から頑張った案内役の女性フン・タオさんは、前の座席でお昼寝である。

途中でこの州の赤十字に勤めている人で障害者を担当する責任者だというハウ・サンさん（男性）

が乗車してきた。これから四軒の障害者宅を訪問する予定だという。

「私はフランス語を話すが、皆さんはフランス語ができますか」と訊かれたが、残念ながら私たちの中にはフランス語ができる人はいなかった。もしできる人がいたら彼は何を会話したかったのだろう。

訪れた四軒の様子を記しておきたい。

足が悪い一六歳の少女

私たちが最初に訪問したのは学校のようだった。暗い室内には二〇人ぐらいの子どもたちが勉強をしていた。その中から一人の少女を呼び出してくれた。松葉杖をついている。案内役の女の先生が少女の傍らで説明してくれた。

少女の父親は南ベトナムで戦争に参加した。最近、両親が離婚をしたので、少女は、今は一人で住んでいるという。経済的には親戚の人が見ている。

何を勉強中だったのですかと聞くと、「数学の勉強をしていたところだ」という。彼女の学力は高く特に英語は実力がある。少女はぽつりと話した。

「今、身体の調子が良くないの。治療して足が良くなったら英語の先生になりたい」

傍らに立つ女の先生がサポートする。

「彼女の考えでは、今の社会に何とか役に立ちたいということです。学校に通ってくるには友達の手を借りて一緒に通う。現在高校三年生で、来年の六月には卒業するのです。でも、この健康状態では大学に入れません。だから足の方をいかに治せるかが問題です。この足は生まれつき悪いのではなく、だんだん悪くなってきた。だから心配でもある。学校に通い始めてから歩けなくなったのです」

私たちは、彼女を含めてこの日訪問予定の四軒には、少額だが支援金を送ることにしていた。それはドルで用意していたのだが、この村にはドルをドンに替えるところもないし、ましてや彼女たちは、そういう交換の意味や方法もわからないのだという。それで急遽キム・アンさん（ベトナムにある国際青年協力開発センターの女性役員）に手を煩わせることともなった。おかげで、ドンで支援金を渡すことができた。

藁葺き屋根の家

その家では母親と二人の子どもがいた。母親四〇歳。彼女が子どもや夫のことを説明してくれた。夫は出かけていて留守の様子。五三歳だという。彼は一九六八年から七五年まで戦争に参加した。七二年まで闘ったタイニンで枯れ葉剤を浴びた。結婚して一〇年後に子どもが生まれた。夫は身体の具合も悪く、農家の仕事もできない。

子どもは八歳のチャン（女の子）と三歳のチャオ（男の子）。二人とも歩けない。チャオは座ることもできなかったが、針治療でやっと座れるようになった。チャンは学校へ行かなくてはいけない年齢なのだが、幼稚園にも入れない状況だった。彼女は足が細く目も悪い。生まれた時は、目は良かったのだがだんだん悪くなり、二年前から治療を始めた。少しは良くなったがまだまだだ。チャオは名前を呼んでも反応はない。

国の援助はあまりない。夫も少しは収入を入れるが、自分が働かなければ食べていけない。働きに出るときは二人の子どもを祖母に預かってもらう。どういう仕事なのかと聞くつもりだったが聞きそびれた。

母親の話を聞いていた日本語の上手なキンさんは「貧乏でかわいそうね」と呟いていた。若い案内役の女性フン・タオさんは家の中にも入らず、外で待っていた。何を考えていたのだろう。

子どもはどこの国でも可愛い。笑顔を向ければほほえむし、時には舌も出す。でも、この家の二人の子どもたちの表情は変化に乏しい。名を呼んでもなんら反応がなかったのが悲しい。

軍関連者は生活も豊か？

一四歳（ズン、女性）、一六歳（アン、女性）、一八歳（ズエン、女性）の子どもを持った家庭を訪ねた。軍の人民委員会の事務所の仕事をしている父親が話してくれた。彼は四五歳、以前青年団体の役員もしていたという。

一四歳の子は、歩けるのだが話すことはできない。きれいだ、汚いということもわからない。自分の着脱はできるのだが、トイレに行っても自分できれいにすることもできない。他の二人の子もあまり健康ではない。自分は四年間戦争に行った。自分自身への枯れ葉剤の影響は心臓にきている。不整脈が酷いのだ。障害の程度によってクラスが軽い1から重い4まであるが、自分は3～4の間だという。

彼の家はブロック建てだ。生活の程度はいい方だと案内のキンさんも言う。確かに我々が行くということを事前に知っていたこともあり、応接室と見られるところにお茶の用意がしてあったし、小さなベトナム特産のりんごも用意されていた。軍関係の仕事をしているということも要因のように思われた。こういう格差は認めたくないと言ってもこの国にも歴然としてあるのだ。

家庭訪問の度に近所の人々がもの珍しげにまわりを取り囲む。この家でもそうであった。その人たちの中に一人の老人がいた。彼は腕に「FDJ＝（統一前の東独の青年組織）」のマークがついたシャツを着ている。思わず近寄って「それ、どうしたのですか？」と訊いてみた。老人は「自分には息子が三人いて三人とも戦争に行った。そのうちの一人が東ドイツに留学できた。その時にもらったものだ」と答えてくれた。その誇らしげな表情が印象深かった。

中庭のある家

つぎの家に行った。

小さい入口を入ると薄暗い部屋。そこにはおばあさんが横たわるベッドがあった。そこを抜けると広いきれいな中庭である。中庭から別の部屋を覗くと子どもが一人寝ころがっている。手を握るとわかるのか笑う。腕に鈴のようなものをつけていて、自分の腕を動かすと鳴るようになっている。子どもの動きを知る親の工夫なのか。夕方五時の鐘が聞こえ出すと、かすかに反応を示す。

父親（五六歳）は語った。

子どもは一六歳と一二歳の子が二人いる。上の子は頭が少し弱いが元気だ。下の子は産まれてからずっとこういう状態なのだと言って目で示す。身長は一メートルくらいか。脚も細くおしめもしている。座ることもできなければ、もちろん立つこともできない。

自分は六三年から七七年まで従軍し、七七年に結婚をした。妻（五〇歳）はこの子を産んでから三回の流産をしたのだ。

ワインという名の一二歳の女の子は、一歳の時、中央病院で三ヶ月入院した。病院はこのまま置いてほしいということだったが、置いていて治るのかどうか、とにかく治したくて転院を希望したがかなわなかった。そのため、今は寝る時間もないくらいだ。食事をさせなくてはならないし、三時間の睡眠しかできず大変だった。今、援助があって少し楽になったが、とにかく子どもの病気を治してくれるところがあり、治療してくれるとありがたいのだが。

メモをとる私の手元をじっと見つめる近所の子どもたち。人が来ることに興味があるのだろう。三軒目の家に比べてこの家の経済状態はあまりよくなさそうだ。雲泥の差である。それでも私たちにお茶を出してくれた。暗く電気もない生活の中。訪れる人があれば、みんなもの珍しげに寄ってくる。彼らの世界では日常的なことなのだろう。

ホアビン（平和）村の再訪

翌日、私たちはホアビン（平和）村を訪れた。前年につづき二度目である。ヒェン先生（以前、彼女は所長と紹介されていたが、今回は社長との紹介があった）は、とってもやつれていた。前年はもっと生き生きとしていたのではないかなと考えてしまうほどである。ヒェン先生は「昨年と比べていくつか改善されたところがありますが、お気づきでしょうか」と、私たちの顔を見渡した。

この日は我々が支援金を持参するということで、ベトナムのマスコミ（中央テレビ、青年テレビ局、青年新聞）がいくつか参加していた。これはヒェン先生側が呼んだらしいが、呼んでもこなかった局（ハノイテレビ局、ライターの新聞）もあるようだ。また、村としては、我々を迎えるため、子どもたちの歌や踊り詩の朗読なども用意してくれているという。この村の子どもたちのほか、音楽が好きだけど金がなくて学べないまわりの子どもたちも来て一緒に演じてくれるのだという。

子どもの演奏が始まる前に、ヒェン先生が村の概要を説明してくれた。昨年と変化している部分もあり、私の認識がより深まったことも多い。以下はそのお話である。

機能回復訓練室ができて

枯れ葉剤被害の子どもたちの数は、全国で一〇〇万くらいだろう。この推測数を基礎にしていくつかのセンターを作りたいと思っている。タイビン省（ここは、戦場に行った人が多いところ）には障害を負った人が二一、〇〇〇人いるが、そのうち枯れ葉剤の被害者は一、四〇〇人ちょっといる。この人たち全部をタイビン省で受け入れることはできない。一定の数でモデル村を作っていきたいし、ホアビン村の枯れ葉剤被害者施設だけではなく、他の障害を持つ人たちにも目を向けていきたい。

枯れ葉剤の被害者は、親も子どもも含めて南の方が多い。兵士や物資輸送のために働いた人など、枯れ葉剤を受けた人たちの数も多い。問題解決には時間も金もかかる。南のソンベイというところは枯れ葉剤を多く受けたところで、そこにも「ホアビン村」がある。

八五人の子どもたち、一七人（社長を含めて）のスタッフ。村の主な役割は子どもたちの機能回復であり、自分に合う技術を身につけ家族に返すこと。家族の中では過保護になりがちなので、独立心を育てて社会に出て自立できるようにすることだ。前年の見学のときは訓練室がなかったはずだが今はできている。

遅れた頭脳の子はなかなか改善ができないが、技術を与えて創造力をつける。例えば安全な石の材料を与え、少しずつ、根気よく勤勉に石細工を造るなどだ。これまでは土産物として旅行者に売ってきたが、こんど日本から一〇〇個の注文が来てみんな喜んでいる。子どもたちには、自分たちの作ったものが役に立っているのだ、と実感させている。

手足の障害のほか脳の障害を受けた子は外に出たがらないので、建物内でコンピューター操作などの技術的訓練をして文章を作らせたりしている。

一定の技術を身につけた子どもは、それを生かして社会に戻すようにしている。センターとして地方に連絡をし、技術を生かせる仕事を探し、相談して帰すわけである。

一番できる子は施設に残って他の子を教える形をとっている。子どもが子どもを教えるのがいい。活動も新しく、経験もないので、皆さんの中でできる人があれば教えてほしい。それを広げていきたい。今四歳から一七歳までの子がいる。一七歳の子は一三歳からここにいる。石の置物作り（例えば日本の十二支など）やコンピューターの技術だけでなく、絵や音楽も教えている。

スタッフには医者が五人のほか、教育を受け持つ先生などもいる。また機能回復のためのスタッフもいる。体重が増えると動きも鈍く機能も回復しないので、食事も子どもに合うように調整をしている。自分の機能が回復するということは、そのための教育や社会に適応するための技術が必要になる。そのための資金と教育を皆さんから賛助を得たいと思っている。この村が全国のモデルとして他を教えられるようにしたい。

ホアビン村のマーク

ホアビン村のマークについて説明しよう。

全体の「青」はホアビン（平和）を表している。平和こそが戦争のもたらすものすべてに対決する。周囲の枠は子どものことを注目するたくさんの人の目を表す。いろいろの人々がいるのでサイズも違う。また、その枠は四つの意味も含んでいるという。「健康を守ること」「教育・勉強をさせる」「仕事・技術を覚える」「人権を育てる」ことなどだ。枠は閉じられていない。それぞれが開いているのは、彼等・彼女らが健常児ではないので、普通の生活に戻れるための入口でもあり出口でもある。まさに一般社会に出ていくことを意味している。ここから社会に出られるようにとの希望を意味しているわけだ。中で手を取り合う二人の子どもは障害児であり、足が曲がったり手が短い子どもたちだ。彼らは互いに助け合っている。ここでは障害者も障害者をみているのだ。色でいえば、「白」は一般の人が住む「社会」であり、「青」は子どもたちの生活する「施設」。真上に示される青地は「機能回復」を意味し、真下の青地は「職業訓練」を意味する。そして右側は「文化・教育」を意味し、左側のそれは「障害があっても頑張って自分の力で生きる自立」を意味する。

歌と踊りで盛り上がる

ヒェン先生のお話が終わってセレモニーとなった。初めに私たちが持参したおみやげを手渡ししたあと、大切な支援金を贈呈した。つづいて、子どもたちの歓迎の演奏である。参加している子どもたちの数はそれほど多くはない。見るだけの者、出番を待っている者、総勢四〇人くらいというところ。ヒェン先生は「いまは正月の前、テトの前でもあり、子どもたちも家の手伝い、お墓の仕事の手伝いなどをやらなくてはいけない時期なのです」と説明してくれた。

ベトナムで有名な歌手のツィンビーさんが子どもたちの歌と踊りを指導した。彼女は民衆から「こころの母」といわれている。彼女は貧乏で音楽好きな子どもたち七〇人に音楽教育をしている。彼女に教えられた子どもたちは、さまざまな国家行事にも参加をし、好評を得ているとのことである。

初めに歓迎の意味を込めて日本の踊り「花笠音頭」が、三人の子どもたちによって披露された。三人はツィンビー先生のもとで勉強してきたのだという。次にピンさん（九歳）、クェンさん（一〇歳）の姉妹を左右に、中央に身体に黒いアザをもった女の子の三人が登場した。アザの子には妹もいたのだが亡くなったとのこと。

最初にピンさんがこれから歌う歌の内容についてお話をした。ヒェン先生は「この子は訓練の結果こういう説明ができるほどまで成長したのです」とうれしそうに話してくれた。

次にクェンさんが独唱で「お母さんはあなたを見るたびに悲しい思いをする。戦争の傷跡が身体にあることを」。つづいて三人で、「障害者ではあるけれども、悲しくならないようにしよう」と歌いあげる。

ピンさん、クェンさんの家は生活が苦しく、父親は一時期どこかへ行ってしまったのだが、この施設に入ることができて生活も楽になり、また家に戻ってきたのだという。

つづいて再びツィンビー先生の教え子たちによる「さくら、さくら」の合唱。ツィンビー先生も大きな声で一緒に歌ってくれた。

ベトナムの昔話についての歌は、「助ける人がいないと、魚も食べられない。助ける人がいて始めて魚が食べられるようになった。子どもたちもこれと同じように、先生に教えられて生活も明るくなった」というものである。「ホーおじさんの教えたとおり、役に立つのだ」と自慢気に話す。少し知恵の遅れた男の子も太極拳の披露でこれに参加する。

さて、私たちからの出し物の返礼である。特に準備をしてきたわけではない。ハノイに着いた日の昼食時、団員の大和勝好さんが私たちに手品を披露してくれた。これをメインに、大和さんの「語り」をまぜながら「もう幾つ寝るとお正月」の唱歌を合唱することにした。ティシュを四つに切ったものを、一枚に戻すところでは、「ベトナム戦争でばらばらにされましたが、手をつなぎ一つになってすばらしい国を作りました」とやってのけた。その延長で、切ったはずのロープも一本にした。そして、手拍子を打っての大合唱である。座は盛り上がった。

そのまた返礼に、ツィンビーさんの教え子たちがインドの踊りを踊る。この子たちは貧乏なため親戚の家で育てられているが、学力も高く、踊りの学校にも通っているとのこと。子どもたちもこの村の人。お互いにつき合いを大事にしている。そして出番を待っていた子どもたち全員の「ホアビン村の歌」の合唱で、この演奏会の幕はおりた。ものすごく内容の濃い実りある演奏会であった。

言葉は出なくとも……

施設内の見学は、自分たちでお片付けをする「ベッドルーム」を覗き、ピンさん・クェンさん姉妹の部屋も覗き、「勉強部屋」に目をやり、新しく整った「水浴治療室」に足を運び、思い思いのレベルで訓練に余念がない子どもたちの中で、男の子が一人、スポンジの腰掛を持ってきて、そこに座れという動作をした。私はその子と一緒に遊んだあと、二階の訓練室に上がってびっくり仰天した。あの子どもたちがコンピューターを前にさっそうと操作しているではないか。

言葉を話せなくとも自分の意思を文字にはすることができる。不自由な手であってもキーの操作をきちんと学べば、自分の意思を他人に伝えることができる。すごい実践がそこにはあった。また、「のみ」を使って石を削り、作品（日本の十二支）を見事に完成させていく男の子たちの姿はたくまし

［1996年12月30日］ホアビン村にて
ピンさん9歳とクエンさん10歳

いものであった。

　クェンさんの描いた絵がある。足が短いが犬を連れて散歩をしている自分の姿がそこにはあった。自分の希望が絵の中ににじんでいるようだった。最後に彼女たち姉妹と共に記念撮影をしてこの地を後にした。

より充実した「戦争犯罪博物館」

　ホーチミン市に到着した私たちは、クチの地下トンネル観光はあきらめて、昼食前のわずかな時間を利用し「戦争犯罪博物館」へと向かった。そこで渡されたパンフレットは、日本語での説明も入っている。これは一九九五年にはなかったことだ。それだけ日本人の観光客が増えているということでもあるのだろう。

　館内の展示の仕方もがらりと変わっている。一九九五年の時はもっとデータがこと細かく示されていた。とにかく時間がなく、十分な説明のないままそれぞれに展示室を見て回る。ここは少し、私自身の記録から見てみよう。

　まずは、「歴史の真実」を示す部屋。中央に爆弾の破片で作られた「母」の像が立つ。ここは一九九五年の時、私の夫の義光さんがこの前に立ち、写真を撮ったところだ。同じ部屋の中に枯れ葉剤による異常児のホルマリン漬けが二瓶展示されている。枯れ葉剤の被害は母親の体内の子どもにまで及んだのだ。そして出生しても「やはり異常」の状態の子どもたちの写真が並ぶ。見ている者誰もが声に出してそのことにはふれない。ふれられない重い空気があるのだ。

枯れ葉剤による殺害の事実は世界的にも明らかだ。これは四、四三〇万リットルが撒かれ、その中に一七〇キログラムのダイオキシンが含まれていたのだ。これらの毒は、母親たちに子どもを産めなくすることによって、人類の未来を奪っているといえないだろうか。

3　ベト君のいる病院を訪ねる

〔第三回訪問（一九九七年一二月一七日～一二月二三日）〕

タイビン省へ支援金持参。鎌田篤則氏（IFCC国際友好文化センター事務局長）を団長に合わせて三名の団。受け入れはホーチミン共産主義青年同盟。対応はシデコ＝国際青年協力開発センター。

訪問先は、ベトナム労働総同盟、ホアビン村、ホーチミン共産主義青年同盟、以上ハノイ市。チルドレンケア委員会、枯れ葉剤被害者の家庭訪問、以上タイビン省。ホーチミン記念館、オープンハウス（養護施設的なもの）、子どもの訓練センター、ツードゥー病院、以上ホーチミン市。

ふところ事情は楽ではない

恒例行事になっている支援金を届けるため、今年もまたホアビン村を訪ねた。村長のヒェン先生は、昨年と比べて元気はつらつで大変美しい。私がそう言うと「昨年は年末で疲れ果てていたの」という返事がかえってきた。たしかに昨年は一二月も押し迫った二九日ごろであった。じつのところ、私たちからの支援金が届くのかどうかも悩んでいたのかもしれない。ふところ事情は楽であるはずはない。今年は時期的にも早いし、昨年に引き続いての支援金持参なので安心してもらえただろう。

私たちはあらためて施設内の見学に歩く。入村した子どもたちが一〇〇人を超え、重度の子どもたちも増えているという。枯れ葉剤の被害を一身に受けとめている子どもたちの姿に、改めて心が打たれる。それでも子どもたちの笑顔を見るとこちらの心が洗われる。

ちょうど夕食の時間なのだろう。食堂に向かう子どもたちが二列に並び出した。これも一人で歩けるものだけである。ピン（一〇歳）さん、クェン（一一歳）さんの足の短い姉妹も元気に並んでいた。彼女たちとは三度目の出会いだ。お互いに手を振り合う。

昨年ここで働いていたヒェン先生の息子さんは、大学を正式に卒業し発展計画省に勤め、技師をしているという。ヒェン先生とはハノイを離れる前にもう一度逢えるということで、子どもたちとは別れを惜しみつつ、ホアビン村を後にする。

タイビン省—そこは枯れ葉剤被害者の一番多いところ

私たちはタイビン省「チルドレンケア委員会」を訪問した。この委員会には一五人のメンバーがいて、「教育・遊び」「貧しい子どもたちの面倒を見る」「家族制限など宣伝をする」「子どもの権利をどう守るか考え合う」などのグループが作られ、医師を含めて指導にあたっているという。私たちの目的は支援金を渡すことと委員会の人たちとミーティングをすることであった。

ベトナム戦争中、タイビン省からは十万人もの若者が激戦地へ向かい国を守った。それだけに枯れ葉剤被害者も多く発生した地域だ。一〇万人を越える人が障害者になった。面積は一、五五三平方キロ、人口一三〇万人、九〇％が農業で生活をしている。年に四～五回くらい台風の影響を受けているところでもある。新生児から一六歳までの子どもが二一、〇〇〇人（三八％）を占めている。フランスからの独立戦争時代、たくさんの被害を受けたところでもある。戦争障害者は一三〇、〇〇〇人に及ぶ。このうち子どもが亡くなっている家族もあるが、枯れ葉剤の被害を受けている子もいる。その両親は主にアメリカの枯れ葉剤爆撃に対して戦った人たちだ。

「チルドレンケア委員会」

委員会のファアン・ミン・タムさんから枯れ葉剤被害について詳しい説明があった。

一九九七年一一月までに、枯れ葉剤の被害を受けている子どもで生きている子は、一、五三七人、このうち男の子は五六％、学校に行ける子どもは五％。奇形児が三六七人で、目が見えない子が五八人、まったく動けない子が八二人、手が曲がっている子が一五三人、動けはするが手足が曲がっている子が五九人、耳が悪く話せない子は二八三人、脳障害を持った精神疾患の子が五三五人いる。その子どもたちが直接枯れ葉剤を受けていなくとも、五～一〇歳になって、後から障害が出てきた子もいる。家族の中に子どもの障害が出た場合、次の子も同じ病気で、生まれてもすぐ亡くなるケースが多い。多くの家庭には四～五人の子どもがいるが、病気が治っても生活できない状況だ。

今、国内や外国から経済的援助を受けているが、まだまだ足りないのが現状だ。九九名の子が八四、〇〇〇ドン、一〇六名の子が二〇、〇〇〇ドンの経済的援助を、一八二名の子がリハビリ治療を受けている。一九九六年には共同通信社、沖縄の代表、日本の弁護士の方々から個人的に援助を受けた。

一九七五年ごろから枯れ葉剤被害児童が生まれはじめたわけだが、現在も生存している子どもたちは一、五三七人。では、すでに死亡してしまった子どもがどのくらいいるのか。その全体像は統計上つかめていない。タイビン省はもともと貧しいところで、さまざまな面で困難を抱えている。

三軒の家庭訪問

家庭訪問に行く。フン・チュー郡のある被害児童の家だ。車が通るには細すぎる道なので、乗ってきた車を降りて行くことになった。途中、丸太棒を何本か渡したような「橋」を渡って一軒目についた。

一五歳の少女（ライ・ティ・ハさん）の母親（クゥアン・ティ・モアンさん）は三六歳、父親（ライ・バン・ハンさん）は四五歳。彼は一九七五年一月クワンチ省で戦った。そこは枯れ葉剤が散布された地域でもあった。戦争が終わり、荒地を開発する仕事に携わった。その現場で化学薬品を積んでいると思われるタンクを発見した体験がある。

少女にはきょうだいが二人いる。七歳の妹と一一歳の弟だが、二人とも一応健康だという。ハさんは生まれた時は普通だったのだが、一歳になったころから座ることができなくなった。それで異常だとわかった。私たちの目の前の彼女は、何でも手に取り口へ運んでしまう。喜びの感情は表すことができる。手足をばたばたと動かすこともできる。だが、全体として尋常ではないことが伝わってくる。枯れ葉剤被害の生き証人のような少女だ。

父親はいまのところ元気だという。だが、おとなの場合、枯れ葉剤被害の症状はすぐには現れない。だが、子どもには比較的早く発症する。枯れ葉剤の特徴である。

二軒目の家を訪ねた。

彼は六歳の男の子（トラン・バン・トアン君）である。最近になってできものが出てきた三歳の妹がいる。トアン君は、手足が動かず座ることもできない。目は見えるが精神障害のため言葉も話せない。両親が定時で食物を与える。喜怒哀楽の表情はまったくない。この一帯には農家が七軒あるが、同じような症状の子どもがいる家庭は二軒あるという。

母親は三四歳、父親は三七歳。彼は一九七九年からタイグェンという中央高原の枯れ葉剤が散布されたところへ行った。母親もどこかで枯れ葉剤を浴びたのだろうか。トアン君を産むまえに二回の流産をしている。

さて、三軒目である。

タン・ホー村の家族を訪ねた。ここの三人兄弟の症状も酷いものだった。一五歳と一三歳の二人は、ともに足の関節が逆曲がりの状態なのである。一九歳の長兄は精神障害のため学校にも行けない。四六歳の父親は一九七一年当時タイニン省にいた。そこで枯れ葉剤を浴びたものと思われる。

訓練センターの子どもたち

ホーチミン市にある「子ども訓練センター」を訪ねた。

この訓練センターは、子どもが勉強をしながら仕事を身につける学校で、正式な名前は「五月一五日ベトナム少年の日」という。一九八六年に建設された。子どもたちはほとんど貧乏な子どもたちで、九歳から一七歳の子が学んでいる。ここも他の施設と同じように両親が死亡したり、いても育児放棄状態にされたいわゆる「浮浪少年」たちを集めているところだ。

校長のタンさんが施設の概要を説明してくれた。彼は地区青年団の責任者でもあるということだ。ここでは月謝はいらない。人民委員会から服やノートが支給される。二四五人の子どもたちがいて、プログラムは一級（小学年）と二級（中学年）に別れて勉強し、同時に仕事を身につける勉強（電気の修理などもある）もする。このうち二〇人がこの学校で寝起きしている。両親が死亡して、親戚もない子たちだ。そのほか勉強してからご飯を食べて家に帰る子どもが二〇人、残りの二〇五人は勉強をするだけの子どもたちである。それを時間帯別に見ると、七：〇〇〜一一：〇〇、一三：〇〇〜一六：三〇、一八：〇〇〜二〇：〇〇（この時間帯は中学年の子）で、読み書きの能力が必要なので、訓練しながら勉強している。先生は二八人いて、低学年が一〇人、中学年が一〇人、その他に職員・教育員が八人いる。

子どもたちは、音楽や体育の高度な活動の勉強もする。本校に来ている子は、他の学校で教育することのできない子が学んでいる。この学校には政府から一年間で一億八、〇〇〇万ドンの援助があるが、それでは足りないので他のいろいろなところの援助（学用品をもらう、勉強を教えてもらうなど）をもらっている。基本的に一八歳になったら卒業し仕事をする。ここでは勉強と仕事の訓練が軸である。もちろん、両親不明の子どもたちのために親を探索することはいつもやっている。

低学年は九クラスあり一般の教育をしている。中学年は働くことを前提にして訓練し、一般の企業と連携して将来働けるようにする。訓練の素材は直接金として援助をもらわず、例えば布をもらって服を作り、でき上がった服は子どもたちに配給するなどする。そのほかに公安が両親の事情を聴いて教育もする。子どもの親が見つかれば公安を通して親に会わせることもする。

仕事を身につけようと

一通り説明を受けた後、施設の中の見学にうつる。

太陽がさんさんと輝く屋外では中学年の男の子たちが木工をやっている。彼らは昼働き夜勉強する子どもたちだ。彼らの手で立派な机が作り上げられつつある。

室内に入ってはじめは三年生の算数。今日われわれが訪れることを知らされていたのか、もしくは校長の指示なのか、女の先生方はアオザイ姿だ。

次の教室は、中学年の女子の裁縫の時間だ。ここでは二五人が学んでいるという。でき上がった品物は学生たちに配給される。また、市場に出す試作品も作っている。立派な手提げ袋ができ上がっている。これも試作品だという。さすが中学生の作品だ。作られたものが見本として市場に出され、評判がよければたくさん作り市場で売りに出されるのだ。

次は九歳の女の子たちによる「刺繍」の部屋だ。ハンカチへの刺繍、小さい袋への刺繍など、ここでは四〇人くらいが訓練をしているという。ここではでき上がった袋製の財布を一個五、〇〇〇ドンで分けてもらえた。子どもたちが作る「商品」だ。

次の部屋は、男の子、女の子、年齢も少しばらばらだが、みんな一様に何かをたたいている。見るとビニールの袋に小さな穴を開けている。もちろん型を使って、その型に従って穴を開けているのだ。何に使うものか聞いてみると、野菜を入れる袋だという。彼らは作った分だけ金がもらえるという。

だから家のある子は素材を家に持ち帰って家族でやるのだそうだ。彼らの家はとっても貧乏なのだからそうして収入を得る。家に持って帰ってやれるものは、このビニールに穴を開けることと、刺繍だという。

次は四年生の音楽の教室だ。男女混合だがみんな赤いネッカチーフをしている。一昔前のソビエトのピオニェールの姿である。ここでは今でも一部の恵まれた子どもたちはこういう姿だが、この学校の子どもたち全部がそうなのではない。

次は五年生の算数の教室である。ここでは男の先生が掛け算の式を書いて教えていた。

最後に見た部屋は、暗く干し物などが干してあり、二人のどこへも属さない男の子が空手のまねをしながらたわむれていた。何をするところかと問うと、ここが、あの二〇人の子どもたちの宿泊する場所だという。ベッドもない、ただのコンクリート敷きの部屋である。

見学を終えた私たちは事務所に戻り、支援金とおみやげを渡す。ホーチミン市にはオープンハウスは五つあるが、職業訓練所を持つところはここだけという。

ホーチミン市「ツードゥー病院」を訪問

通常、この病院訪問は許可されない。なぜなら、あまりにも有名なので外国からの見学者が殺到し医療の仕事にも支障をきたすからだ。あの「ベト君」「ドク君」の病院なのだ。ふつうは見学の申し込みをしてから六ヶ月は待たされるという。ところが、私たちの場合、幸いにも共産青年同盟書記長とホーチミン市委員会の折衝がうまくいき、ホアビン村からの支援もあって実現した。

女医のフォンさんからのお話を聞きながら院内をまわる。

この病院はダナンを基点として南を見ていて、北はハノイ病院で見ている。ここで出産や手術を受けた患者数は、一九九六年と一九九七年を比較すると二倍に増えている。一年間の新生児の数は三万二、七四六人。いわゆる婦人科での治療は一万五、六七四人を数える。枯れ葉剤がたくさん散布された一九六五年から一〇年経過したのちにも障害をもった新生児が出ている。枯れ葉剤被害のデータ（次頁「ツードゥー病院所管資料」参照）は、この病院での新生児に関するものだ。

この棟は枯れ葉剤による被害児童の棟で、二階はその中でも身体に障害の出ている「奇形児」の棟だ。

はじめの部屋では「両腕のない子」に出くわす。しかし、彼の表情は心なしか明るい。次の部屋では、一見何事もない子どもたちの顔が並ぶ。笑顔もあるし、先生とたわむれる子どももいる。しかし、聞くと彼らの内臓は「奇形」であり、場合によってはガンなどに冒されている子どもたちなのだそうだ。

われわれは三階へと上がる。「巨頭」の子、「小頭」の子、そして手の指も足の指も、足のくるぶしも手のひらもない子（生後八ヶ月）がいる。同じようにその手足を包帯で包んだ一ヶ月の子も並ぶ。医師や看護婦さんは、その子たちを抱きながら私たちに見せる。彼らの心中を察してことばが出ない。

ふと病室の床を見ると、そこには揺りかごのようなものの中に乳飲み子たちがいた。聞くと、医師や看護婦さんが自分の子どもを育てながらの病院での仕事なのだという。

あの「ベト君」がいた。彼は一六歳になっている。若干表情を動かすが、それはほんのわずかであ

子宮内胎児死亡率（ツードゥー病院作成）
FETAL DEATH IN UTERUS

YEAR	1952	1953	1967	1971	1976	1977	1978	1979	1980	1981	1985	1990	1991	1992	1993	1994
Percentage	0.58	0.12	1.56	1.39	1.33	1.78	1.44	1.47	1.45	1.76	1.19	1.09	1.29	1.25	1.28	1.65

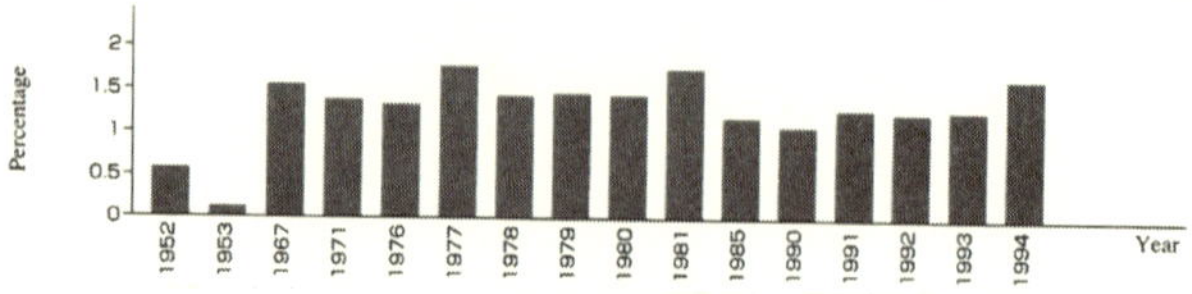

胎児の胞状奇胎及び絨毛膜癌発生率（ツードゥー病院作成）
HYDATIDIFQRM MORE AND CHORIOCARCINOMA

YEAR	1952	1959	1960	1971	1976	1977	1978	1979	1980	1985	1990	1991	1992	1993	1994
Percentage	0.78	1.2	1.13	0.87	2.09	3.85	3.52	4.54	3.6	4.4	3.12	3.82	2.73	2.63	2.78

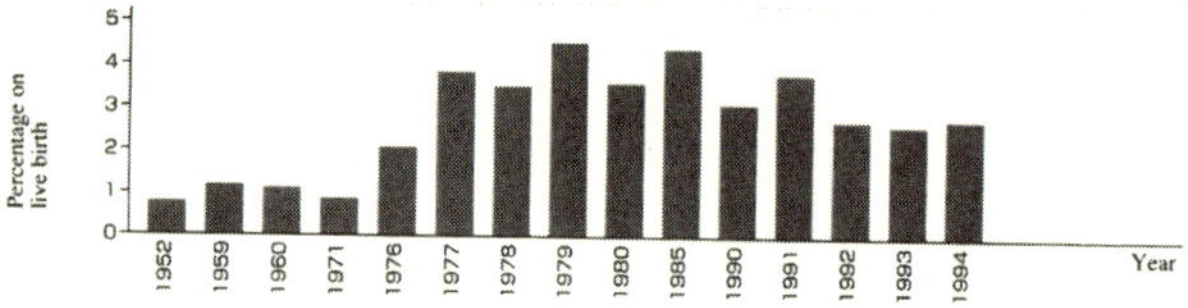

先天奇形発生率（ツードゥー病院作成）
CONGENITAL MALFORMATIONS

YEAR	1963	1966	1967	1977	1980	1981	1982	1983	1984	1985	1988	1990	1991	1992	1993	1994
Percentage	0.73	0.42	0.57	0.7	1.24	0.99	1.1	1.06	1.36	1.46	1.44	1.26	1.24	1.12	1.01	1

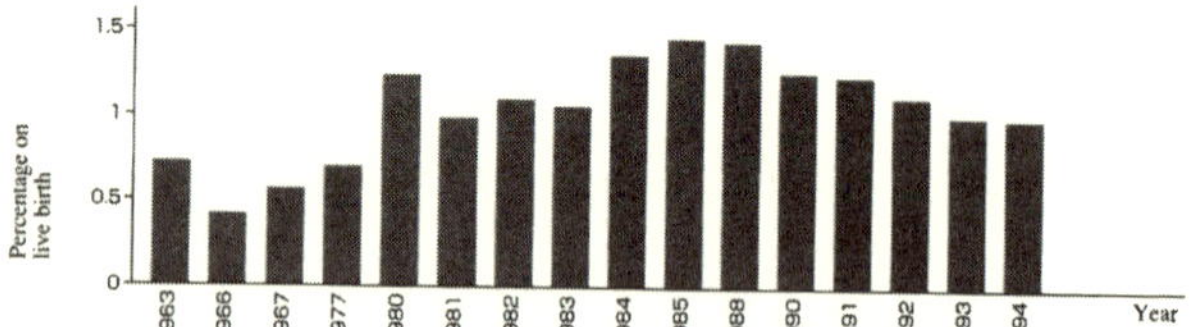

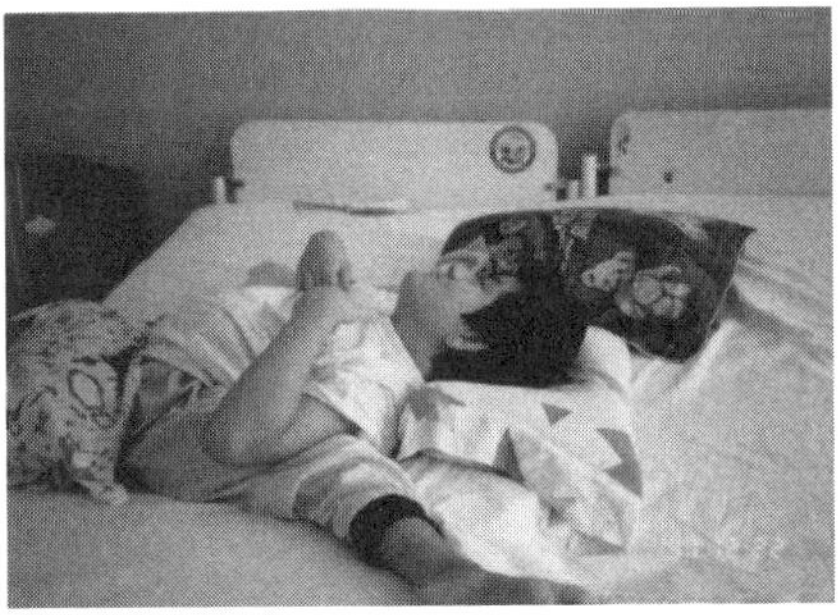

「ツービゥー病院」のベト君

る。医師の説明によれば、人間の身体の中には「植物神経」と「動物神経」があるが、彼は「植物神経」だけで生きている。「動物神経」がないので何にもわからない。心臓は機械で動かされているのだという。彼は本人の意志で生きているわけではない。彼の相棒の「ドク君」は、ベト君の内臓と片足をもらい、片足義足ですくすくと育っている。同じく一六歳になっている彼は、今何を考えているのだろうか。

「この部屋は恐ろしくて入れない」

われわれは別棟へと移動した。階段を上がってすぐのところにある「コレクションルーム」の前でしばし待たされる。今、先生が鍵を取りに行っているという。案内役のルォンさんが「この部屋は恐ろしくて入れない」という。

そう、この部屋こそ「枯れ葉剤被害児童」たちが「死」をもって訴えている部屋だ。「死」をもってこの世に出現した子どもたちが、「標本」として「ホルマリン漬け」にされているのである。一〇坪くらいの部屋の入口を除いた四面の壁に、大小さまざまな「枯れ葉剤被害児童」の証が並ぶ。中に一歩足を踏み入れると、背筋に寒けが走る。しかし、この事実に眼を背けてはいけない。歯を食いしばりシャッターを押す。やっと三枚のシャッターを押した。

この後、私たちは「枯れ葉剤とは関係のない」普通の子で虚弱な子、未熟児が寝かせられている病室を案内された。だが、枯れ葉剤被害の実態を見てきた私たちには、これだってまったく枯れ葉剤と無関係であるといい切れるのか、そんな疑問が湧いてくるのだった。

再び事務所に戻ってフォン先生が補足的に説明してくれた。

子どもたちの症状は「脳が小さいか、もしくは無い子」「手足がない子」「目や鼻がない子」「身体が二つに分かれ一部でくっついている子」「ミックチの子」の五つの症状に分類されるとのこと。原因については、一九八三年、医学的には「ダイオキシンが原因」ではないかと国際的に取り扱われはじめた。

ホーチミン市では汚染地域から三〇キロから三五キロはなれた人たちまでが被害を受けた。第二世代への障害も問題になってきている。被曝した母親が子どもを母乳で育て、その影響で子どもが成長するにつれ影響が生じる。一九六五年から一九七五年の間に生まれた、そうした子どもが今成人し子どもを生む年齢になっている（結婚年齢の平均は、地方が二二歳、ホーチミン市で二八歳位）が、奇形児出産率が高い。

4 歩くことも話すこともできない——タイニン省で出会った子どもたち

〔第四回訪問（一九九九年一月二一日～一月二五日）〕

ホアビン村およびタイニン省への支援金持参。団長は鎌田篤則氏（ＩＦＣＣ国際友好文化センター事務局長)、他三名の団員。受け入れはホーチミン共産主義青年同盟。

訪問先は、シデコ＝国際青年協力開発センター、ホーチミン共産主義青年同盟、ホアビン村、ホーチミン廟参拝、以上ハノイ市。人民委員会、タイニン総合病院、治療センター、枯れ葉剤被害児童家庭訪問、以上タイニン省。

支援金の使われ方

「お客さんが来てくれたというより、親戚が来てくれたという感じですね。新しいプロジェクトのことを紹介しましょう。旧正月の時期がきたので、家に帰る子どもと新しく入る子どもたちがいるので、この新しく入る子たちのことをお話したいのです」

ホアビン村でヒェン先生に会う(一月二二日)のは四回目になる。

治療を受けたい人のリストを見せてくれたが、中にはお金がなくて治療が受けられない子たちもいるようだ。しかし、ヒェン先生の手でIFCC(私たちが日本で作った「国際友好文化センター」)の支援金で治療を受けられる子どもたちの、写真を添付した二〇人のリストを見せてくれる。

「IFCC基金のための特別グループを作り、その家族にお金を送って領収書を相手に記入してもらいます。しかし、いつもすべての基金をそういうふうには使えない。機器を買ったりするからです。今回はいい時期なので、そういうふうに使おうと思います」

今回のIFCCの支援金の使用予定明細をもらい、一、〇〇〇ドルの支援金を渡した。その後、子どもたちのいる部屋へと向かう。彼女たちと会うのは四回目になる。みんな元気だった。彼女たちは一所懸命編物をしていた。同じフロアーの一方では、ジグソーパズルで頭と指を動かし、プラスチック製の組木を使って、これまた頭と指を動かしている。別な部屋へと足を運ぶと、机に座り絵を描く者、字を書く者、そしてまた組木をする者となごやかな雰囲気だ。

矯正靴で歩けるように

そんな中に、一九九七年に訪れた時、鎌田団長と共にカメラに収まった兄弟がいた。当時は二人とも、足首が逆向きで歩けないでいた。その弟の方が席を立ち、壁伝いだが寄ってくるではないか。足には、矯正靴をはめ、にこにこと手を振っている。お兄ちゃんの方は、これまた別の部屋「機能訓練室」で、伝い棒を支えに逆向きの足首を使いながら歩く練習をしている。もうしばらくたつと、矯正靴が利用できるようになるのかもしれない。

ノミを巧みに使い石を削りながら、日本でいう十二支（日本のように「ウサギ」はいないが、それに代わって「ネコ」がいる）を作る子どもたちの中に、右の足は膝までしかなく、左の足は足首以下が逆の子どもが巧みにノミを操っている。彼は八歳の男の子。弟は足も手も無く、両親は離婚してしまっているという。

機能訓練室では、様々な症状の子が、先生の手を借り、手を上げ、膝を曲げる訓練をしている。二歳になる彼は、やっと右腕が動くようになったと先生が言う。ヒェン先生は元気だった。「任務を分けることができたので少し楽になった」と笑顔で応えていた。

病院へ支援金を渡す

タイニン省の人民会議場に着いた私たちを待っていたのは、ベトナムのテレビスタッフを含めた結構な人数の人々であった。私たちは、ここへ一一、〇〇〇ドルの支援金を持参していたのである。タイニン省人民会議議長、タイニン総合病院の院長であり保健（治療・更生）所長でもある女性、政府の機関である診察庁で、村の診療所所長の白髪の方等々が私たちを迎えてくれた。

ここには、前年の八月、社民党訪問団が一二名来て総合病院の被害者の視察をし、二〇〇ドルを贈呈していったという。訪問団はこれとはべつに診察庁には一〇〇ドル、その後の被害者家族宅訪問では九〇万ドン（約七〇ドル）を支援金として渡している。

私たちの支援金ですでに用意されていた顕微鏡を含めた医療機材を前に、人民会議議長のホ・タン・チィェンさんから、支援に対する感謝のことばとともにあいさつがあった。

「今もタイニン省では、枯れ葉剤の影響は続いている。戦争の被害はひどかったが、枯れ葉剤の被害を治すのにはもっと多くの時間がかかる。青年と家族の人たち、全ベトナム、そして各国の援助を得なければできないことです。今度の視察で、タイニン省の活動をよく理解してもらいたいと思います。患者の治療がもっともっとできるように、また国造りのためにも皆さん方にも援助をお願いしたい。プレゼントも貴重なものとして大切にしていきたい」

これに応えて鎌田団長があいさつをした。

「支援のためのチャリティコンサートをやっています。引きつづき成功させるためには、私たちは、枯れ葉剤のこと、ベトナムのことをもっともっと広く知らせていくことをしなければいけないと思っています。それは、ベトナム支援ということだけでなく、私たち自身の活動をどう広げていくかということでもあるのです。大きな援助はできないけれど、これからも努力していきたい」

その後、私たちはつぎの訪問地である治療センターへと向かった。

治療センターの概要説明

タイニン総合病院には、治療施設が四つある。私たちが訪れたのは、そのうちの一つで、五〇〇床の一番大きいセンターである。ここではこのセンターの施設長と企画長が主として応対してくれた。

「この治療センターは、一九七八年から作られ一九八五年に施設の運営が始められた。内科、外科など五〇〇床を持つが、スタッフは、医者の一〇〇人を含めて四八五人いる」

「アメリカ製の医療機材は、一九八五年の運営開始のころに入れたもので、その後取り替えていない。日本・ベトナム治療使節団から機材を受け入れたことはある。クォンちゃん（子どもの名前）のように、日本に行って治療をし、ベトナムに戻ってくる場合もある。火傷の治療のために一万ドルの寄付をもらったこともある。タイニン省は三〇〇万ドルをさいて、新しい総合病院（五〇〇床）を建設中だ。一九九九年の終わりに完成予定だ」

「枯れ葉剤治療の特別チームは、一五歳以下の障害児のため二〇ベッドを用意し、三人の専門の医者がついている。生まれたら障害児であったという場合に受け入れる。複雑な治療は、外国へ行かせて治療する。五人くらいがドイツに派遣された。よく調べて、ひどい場合には外国へ行かせず、ホーチミン市に行かせて、外国の医者とホーチミン市の医者で治療する。ホーチミン市では、日本の医者と一緒に一九九九年四月に手術をする予定だ」

「ここで手術できる子は、すべてここでやる。贈ってもらった機材を使って、年間一〇人の子どもたちの手術をする。アメリカや日本の使節団が来て、枯れ葉剤の障害だと考えられる場合、体液や血液を調べてもらう。枯れ葉剤の影響がひどいという結果が出た」

「治療の結果、平和村に戻す。今までにそういう子どもたちは一〇〇人以上いる。特別の子として、枯れ葉剤の影響で顔が変形した子もいる。こういう子は、ホーチミン市のチョーライ病院に届け、五人が手術を受けた。肛門がない子もいる。こういう子は人工肛門をつけた」

十分な統計がない

「一五歳以下の障害児は、タイニン省の半分しか調べていないが、一三、〇〇〇人いる。いま紹介した子どもたちの例は典型的なものです。しかし、貧乏な家の子は、手術前に金もかかるので入院もできない。もちろん手術もできない。これを充分に取り上げるには、国内はもちろん外国からの援助金がなければできないというのが現状です」

「一三、〇〇〇人の障害の子どもたちは、枯れ葉剤が撒かれた地域の子どもたちだ。一九八〇年一〇月に中央レベルの『枯れ葉剤調査委員会』に派遣して調べたものだ。一九八二～八三年にホーチミン市で説明され、原因は『枯れ葉剤』だと結論が出た。調査結果によれば、ホルモンのガンということで直接影響を与えている。枯れ葉剤が撒かれた地域で生まれた障害児は、それに関係がある。見つけた後、私たちは後遺症だと考えて治療するだけだ。一五歳以下の全体の数はつかめていない。人口数、子どもの数、十分な統計がないのです」

これについては、キム・アン（ベトナムの「国際青年協力開発センター」の女性役員）さんが、これから調査する予定だと補足した。

「タイニン省の予算のうち病院だけで投資開発の予算も含めて九％である。重要なことは、『枯れ葉剤の影響』なのか、『一般の障害』なのか、ということについては、自分たちも科学的調査、検査など調べることをいろんな面から試みている。しかし『枯れ葉剤の検査そのもの』には、一つの案件に

『体液』『血液』調査のために一年間続けてやらなければいけないし、その費用が一億五、〇〇〇万ドンかかる。だから日本の医者に来てもらい、ひどいと認めた人を見てもらう予定だ」

「一つの件では、二度ホーチミン市へ行って調べた結果、顔の変形があるが、頭と心は普通に発育している。顔の変形は一〇年間で大きくなっている。これから目が見えなくなるが、鶏に餌をやったり、日常の生活はしている。日本の医者が三～四人来ることになっているので、来てから手術をする予定だ」

「また、医者の判断では、早く手術をしないと、早かれ遅かれ死ぬ、こういう子どもたちの精神は、普通に機能している場合もある。また、他の子は、食事の機能さえできない子もいる」

タイニン省という地域

さて、つぎは枯れ葉剤被害児童の家庭訪問だ。

途中のバスのなかで、私たちは一枚の写真を見せられた。おなかの大きな男の子である。彼は生まれて六ヶ月ごろからおなかの細胞が異常成長して、八歳（二年生）で手術をし、四年生の今、元気で通学をしている。彼の腹部には「六リットルの水」「二キロのこぶし大の肉腫」が存在していたという。企画長の話では「細胞分裂が起きないで、双子のうちの一人が彼の腹部に残った」というのである。取り出された異常物はいくつかのフイルムに収録されている。そういう記録を取るのも企画長の任務なのだろう。彼は私たちに同行中、カメラを手放さなかった。

カンボジアまで五〇キロというこのタイニンの町の産業は「砂糖黍」「ゴム」「パピオカ」の三つで

ある。この地域は、アメリカが占領していた当時、アメリカはすべてを攻撃基地としてここを使うため、住民が自由に使えるための公的な施設を一つも作らせなかったところでもある。一方で、この地域には解放軍の強力な基地があったところでもある。

またこの地域はホーチミン市から一〇〇キロ（所要時間二時間半）のところで、途中にかの有名な「ク・チ」（ベトナム戦争当時、この地域には解放戦線の拠点が置かれ、鉄の三角地帯と呼ばれた難攻不落の場所だった。アメリカ軍は度重なる空爆と大量の枯れ葉剤を投下し、解放勢力は地下にトンネルを掘ってゲリラ戦を続けた。深さ三〇〇メートル、総距離二〇〇キロメートルにも及ぶ手掘りのトンネルは現在も残り、当時の抵抗の様子を物語っている。勿論アメリカ軍はこの地下トンネルの存在は知っていたが、その複雑な構造を正確には摑んでおらず、最後まで攻略することはできなかった）がある。また、タイニンの町のはずれには、この町を見下ろすようにバー・デン山がある。この山は、南ベトナム解放民族戦線の陣地となっていたところである。

顔の変形した二一歳の青年

彼の住む地域はタイニン省ホワタイ郡ロンタンチュー村である。

彼はホーチミン市で、日系ブラジル人の医者によって手術を受けるという。生まれて七歳くらいから、この顔の異常は始まった。右眼はだんだんと見えなくなる。左眼は鶏につつかれて失明の状態。五三歳の父親は、一四日前に膵臓病で亡くなっている。元気な母親は四七歳。子どもが四人できたが、三番目の彼だけに異常が発生し他の兄弟には異常は出ていない。

戦争時代、待ち伏せ部隊にいた父親は、五年間ジャングルでゲリラとして戦っていた。この何年間かはすごく病気がちで、企画長が訪ねた時期、腎臓、高血圧など症状が重なっていたという。
二一歳の青年は、食事も普通だし他にも痛いところがまったくない。手術は一九九九年四月〜五月頃になる。

しゃべることもできない七歳の男の子

ここタイニン省コウーズオゥ郡タンドゥック村は、一九六四年から一九六九年、激戦が行われたところで、戦後は無人地帯になった。この地域は、アメリカが勝手放題に砲撃できる戦略村（サイゴン政権軍が管理する地区に地方住民を定住させて、行政面や生活面で便宜を与えることで共産勢力から引き離す政策）として位置づけられていたところだった。畑で働いている農民は、アメリカ国旗を掲げないと砲撃される状態であった。

タイニン省の青年同盟のハイさんは「自分の家でも五回の焼き打ちに合い、二人が犠牲になった」と語る。彼には九歳の子どもがいる。ハイさんの年齢を訊くと四四歳とのこと。アメリカ軍が利用した道路は解放軍の待ち伏せ攻撃でしばしば焼き打ちされた。ホーチミンルートと呼ばれる舗装された道から七〇〇メートル北側は、フランスの植民地時代からゴムの木が植えられ、待ち伏せするには絶好の場であった。そこは今でもゴムの木がびっしりと植えられている。しかしその木は若い。ゴムの木は植えて六年目になってようやく使えるようになる。その後は四〇〜五〇年間利用できるという。だが、この日私たちが見たゴムの木はやっと二年目のものであった。

この日、私たちはハイさんの紹介でかなり重度の障害をもった子どもと面接した。その少年は七歳で、歩くこともしゃべることもできない。生まれてからずっとこういう状態なのだという。彼には三歳の弟がいた。この弟には幸いに障害が出ていない。マイ・ティ・レーさんという彼らの母親は二五歳になる。彼女には一八歳の妹がいるのだが、彼女も重い障害をかかえている。身体は一八歳並に成長しているのだが、知恵は生まれた時から七歳の子どもと同じ状況なのだという。レーさんの夫は三〇歳。農業を営んでいる。苦労が思いやられた。

レーさんの両親も被災している。両親は農民で、枯れ葉剤が散布された戦略村に閉じ込められていたのだ。この家族は、三代にわたって枯れ葉剤の苦しさをなめていることになる。

5　枯れ葉剤を集中投下された南北境界地域

〔第五回訪問（二〇〇〇年一月二三日〜一月二九日）〕

クアンチ省に支援金持参。団長の砂川保氏（香川県会議員、ＪＶＰＦ日本ベトナム平和友好連絡会議副議長）を含め一〇名の団。受け入れはホーチミン共産主義青年同盟。

訪問先は、シデコ＝国際青年協力開発センター、国際友好村、枯れ葉剤被害者家庭訪問、以上ハノイ市。クアンチ省保健局、青年同盟、人民委員会にて支援金授与、枯れ葉剤被害者家庭訪問、村の保育園、機能回復センター、以上クアンチ省。フエ省青年同盟。

諸国の退役兵士によって作られた「村」

当初私たちはハノイ市のホアビン村を訪れる予定だった。そこにはあのヒェン先生がいるはずだ。だが途中で予定が変わり、同じホアビン村と呼ばれているハノイ市の隣村にある「国際友好村」を訪問することになった。

ここは、アメリカの退役軍人ジョージ・ミゾー氏の提案で、ベトナム政府の支援のもとに、イギリス、フランス、ドイツ、日本、アメリカの退役軍人、慈善家の援助で建設されたところである。諸国民の「平和、友好、和解」の象徴とされている。

村長のフンさんがこの村について紹介した。

「この村はもともと戦争の傷跡を克服するために、ベトナムと日本、アメリカ、フランス、イギリス、ドイツの五ケ国の退役兵士によって作られた村である（日本兵も戦後ベトナムに残った人もいた）。一九九一年に始められた工事は、一九九四年から村としての機能が動きはじめたが、一九九七年一二月までで現在のような施設になった。しかしまだ初めの予定の三分の一しか施設はできていない」

「一九九八年三月以降、学生を受け入れ面倒を見ている。また、年配者と病弱者を受け入れて世話をしている。後遺症のある人も受け入れている」

「戦後三〇年間の傷跡はひどく、克服するには時間が必要だ。とりあえず、枯れ葉剤の被害を受けた兵士、老人、そして突撃隊で戦った父母から生まれた子どもも受け入れている。被害を受けた兵士は、家へ帰って結婚するが、しかし子どもを作れない。作れても後遺症の子どもが生まれる。またその兵士が年寄りになってきて、病気の発生もある」

「この施設には大人一〇一名、子ども八九人、合計 で一九〇人の後遺症の人がいる。ある家族では五人作った子ども全員が後遺症を持っていたというところもある。その中で二人以上の後遺症を持った人たちを受け入れている」

「症状は、神経がやられ、意識がない、知恵遅れという人。一九歳になったけど歩けず寝たきりの人、そういう人を受け入れて治療をする。できれば字が読めるように教育をする。しかし、機能回復のための施設は足りない。充実した治療や機能回復の要求にはなかなか応えられない」

「予算のうち政府からは三分の一しか出ないので、三分の二は国内、国際のチャリティで援助してもらっている。旧兵士は、できれば三〜六ヶ月ごとに人数を交代して受け入れるようにしたい。三〇年前に一回受け入れたので、そろそろ故郷に帰って生活し出している。今いるのは年寄りのみ」

「九八人いる子どものうち一〇人は、回復して家族が面倒を見ることになっている。正月を控えて家族が迎えに来る」

子どもたちのグループ

このあと、私たちは施設内を見学した。

まずは女の子たちのグループである。

一八歳のファン・ティ・ハイさん。彼女は私たちがいた短い時間の中で、にこにこと笑っていたかと思うと、「痛い、痛い」と転げ回って泣く。治療医のワインさんは相当てこずっている。「頭が痛いので自分で頭の毛を抜くのです。泣くのは頭が痛いからなのです」と説明された。

見ると耳がない子がいる。彼女はもちろん話せない。しかし彼女らは一様にきちんと腰かけて我々を迎えている。どうしてこうも行儀がいいのだろう。

つづいて男の子たちのグループ。

ここも我々が来ることを言われていたのだろう。みんな行儀がいい。村長さんに指名された子がそれぞれに立つ。村長さんはその都度立った子どもの障害や環境について説明してくれる。説明される子どもよりそれを見つめる他の子どもたちの方が、その顔は真剣に聞き取ろうとしている。その中に車椅子の青年がいた。真剣な表情をしているその青年は何を聞き取ろうとしているのだろうか。

原則としてこの施設は六歳から一四歳までの子どもたちを入れているが、特別に一八歳の子も受け入れるとのことだった。

「訓練の設備がないので治療だけしかしていない」という。しかし、ハノイから近いこの施設は設備が整っている方なのだと思われた。

おとなたちのグループ

つぎに年配の男性たちである。ここも皆さんお行儀がいい。北緯一七度線で六年間戦ったという皮膚ガンの元兵士は一九一四年生まれの八六歳である。非常に若く見える彼は同じように皮膚ガンだという五四歳の患者とあまり年齢の差が感じられない。

皮膚ガンの彼は、二〇歳の時にクアン・ビン省のカンボジアとの戦いに参加したのだという。彼には子どもが二人いたが、今は二人とも寝たきりだという。彼の妻も兵士で、ホーチミンルートで戦闘に加わっていた。三年前から肩から腕にかけて皮膚が固く盛り上がり、チクチク痛いという症状が出てきて、だんだんと大きくなっているという。若かった時はその病にも対抗できる。しかし今はそれができない。

また、直接枯れ葉剤を浴びた元兵士は、二人の娘は健在だが、しかし三人の息子は後遺症を持って生まれたという。直接枯れ葉剤を浴びた人には皮膚ガンの症状がしばしば出るという。肺、貧血、血圧の異常などをともなう例が多い。

ここにはあのヒェン先生がおられるホアビン村のような正直な感情の表出がない。施設を運営する人の考えがそこには現れるのかもしれない。

女の子も、男の子も、そして元兵士である彼らもその姿は同じである。カメラを向けると、上品にこちらを向き、にっこり微笑む。上着の胸にはみんな一様にホーチミンのバッチをつけて、おつにすましている。「もっと言いたいことがあるだろうに」と私には感じられた。

六〇歳の元兵士宅

さて続いて私たちは、ブン・クァンチで戦っていたという六〇歳の元兵士の家を訪れた。彼の症状はリューマチのように現れ（身体の節々が痛み、また浮腫むということか）、ある時は頭の毛がみんな抜けてしまった時もあるという。彼は二七歳で戦争に駆り出されている。三人の子どもがいるが、長男は戦争前に生まれた子で三一歳、健在だという。しかし、次に生まれた子（現在二九歳の女性）は知恵遅れであったが、治療を施し、今は回復しているという。そして三人目の子（現在二〇歳の女性）が寝たきりなのだ。

彼女の名はノエンちゃん、目が見えなく、両足もまっすぐ伸ばせず、やっと母親の話がわかる程度。その母親は五四歳、元お医者さんでもある。

この両親とも今は現役を退いている。家はマンションの一階に建て増ししたようなふうでもあったが、五ヶ月前に「退役軍人で作られている互助組織」や「婦女連合」（ベトナム最大の女性大衆組織。祖国戦線の一翼をなし、全国全階層の女性を結集し、その利害を代表して国家の女性政策の決定と実行に関与する任務をもつ）から金を借りて建てたものだという。今の収入は、オートバイの一時預け所のようなもので、洗車もやっているとのことである。

「クアンチ大攻勢」

クアンチ省は、クアンチ市と七県からなっている。北緯一七度線のすぐ南に位置し、アメリカ軍とサイゴン政権軍の最前線とされた。クアンチからケサン高原を経て、ラオスのサヴァンナケットに至る国道九号線が戦略上の要路だったこともあり、最大の激戦地となった。砂丘が発達し農業には適さない。一六世紀後半に始まった南北分立時代の初期には、南部グエン氏の朝廷が置かれていた（～一六六八年）。

もう一つ見ておきたいことに「クアンチ大攻勢」がある。ガイドブックの説明によれば、これは一九七二年春に北解放側が行った作戦である。ニクソン大統領の「戦争のベトナム化」を失敗させ、アメリカを不利な停戦に追い込むため、東、南部、ダイグエン、一七度線地域などで行った「七二年春季大攻勢」の中心で、ヴァン・ティエン・ズン上将の指揮下に、一九七二年三月から主力部隊が投入された戦闘だった。五月にはクアンチを一時解放した。

クアンチ省というところ

私たちが訪れたのは地元の青年同盟である。さっそくウエン・バン・ボン書記のほかファアン・ライ・マイ（男性、国際担当）、ファン・バン・トン（男性、児童対策責任者）、ベル・ティン・カイ（女性、保健局の代表）、ウエン・ツル・ツリー（女性、障害者機能回復センターにて枯れ葉剤を担当する責任者、医師）などが出迎えてくれた。ウエン・バン・ボン書記がクアンチ省の概要を説明してくれた。

［地理的な状況］

この省は中部地帯にあり、七つの郡、二つの市、一三六の町・村がある。五七万人の人口で四、六〇〇平方キロメートルである。一平方キロメートルに一二二人の平均人口である。自然環境は大変厳しい所。北はクアン・ビン省に接し、南はトゥアティエン・フエ省、東は南支那海、西はラオスに囲まれている。夏はラオスから西南の暑い風が吹き干ばつ状態になる。冬は洪水を被った。

［経済と政治の条件］

この地はフランスとの戦い、アメリカとの戦いで激戦が行われた所。革命と反革命の対決の地でもある。特にアメリカとは、ヒェン・ルーン橋は南北分割の橋といわれるようにクアンチ省は、北とアメリカ支配の地の二つに分けられた。戦争当時は、「マクナマラ電子防衛線」の拠点として多額の資金を投じ軍事基地を作った。

ベトナム人はクアンチにしっかりしがみついて輝かしい成果を上げた所だから「英雄の地＝勝利の歴史に結びついた所」だといっている。例えばケ・サインには古いお城がある。ここは、アメリカとの戦いでは有名な所だが、二つの戦い（一九五四年までのフランスとの戦いと、その後のアメリカとの戦い）で一つの形も残さないほど遺跡が破壊されるなど苦しい戦いをした。アメリカによって家、学校、治療施設など全部つぶされた激戦地であったこともあり、犠牲者も一番多かった。眠っている犠牲者は七二、〇〇〇人位いる。

アメリカは、クアンチの人々の気持ちを潰すため、数万トンの爆弾、クラスター爆弾、枯れ葉剤を投下した。戦後、自分たちの力と全国の力の援助、国際的な援助によって、こんなに立派な町に再建された。

しかし市全体から見ればまだまだ貧しい。土地も激戦地であっただけでなく、水害もひどく非常に貧しい。災害からの復興のために青年同盟は全力で結束して経済成長率を七~八%にあげてきた。

その結果、住民の生活はだんだんと回復してきている。しかし、まだ食料も不足している。家族も一七%しか残っていない。今の目標は家族を取り戻すように頑張っている。文化施設、保健施設の建設も大事にしている。

戦争による枯れ葉剤被害児童の状況

統計によれば五、六三二人（州の総児童数二三二、七一〇人）の児童が枯れ葉剤の影響を受けている。そのうち二、四〇〇人はひどい状況。激戦で頑張っていたので数万人が枯れ葉剤を浴びた。そしているんな形で身体が悪くなっている。

青年同盟も婦女連合も貧しく身体の弱い人に援助している。青年同盟と保健局は治療センターを造って不自由な子どもを助けるために治療に努力してきた。一三六町村のうち機能センターが作られたところは四七村ある（省レベルの一番大きなセンターのもとに四七のセンターがある）。保健機関や他の団体から援助を受けた子どもは一、二〇〇人になる。彼らは機能回復や健康回復しつつある。それにもかかわらず、もともと貧しい中に戦争で被害を受け、そして枯れ葉剤児童に援助するのは今の段階では不十分。一般的には、社会と国際の中で頑張るため保健機関や国際組織からも援助が必要である。

［枯れ葉剤被害症状］

説明によれば、患者は症状によって七つのグループに分けられる。

①運動が難しい（機能障害）
②耳が聞こえない（聴覚障害）
③目が見えない（視覚障害）
④話ができない（発声障害）
⑤知恵遅れ（知能障害）
⑥染色体異常
⑦総合障害

一三六の町村のうち四七ヶ所に機能回復センターがあるが、回復の状況に応じて、それぞれの子どものカルテをもらい、自分の家でリハビリを指導するシステムもある。

一般の障害と「枯れ葉剤による障害」の区別をするには認定の基準があり、血液・精液・肺・消化・腸・遺伝子などについて特別な検査をすることになっている。これは精密な設備で実施しなければならない。普通の障害の子どもの場合、一般的には障害は局部的に現れるが、枯れ葉剤の場合には全身に現れることが多い。障害の原因を調べる際、母親の過去の活動が根拠とされる場合もある。

ある母親の場合、彼女が出産した子どもは全員が同じ症状で発症した。彼女の履歴を調べたところ、戦争時代、彼女は激戦区で活動していた。また、子どもに複数の症状が現れ、しかもそれが次第に悪化していった例もある。同じく母親の履歴を調べると、やはり彼女も激戦区で活動していた。

「省のセンター」の役割は二つある。一つはセンター内で、訓練する幹部を育て、その人たちを部落に派遣して指導してもらうということ。もう一つは、子どもにセンターに来てもらって、機能回復を集中的に訓練する。治療するがひどい障害の場合もあるので、治療は長・短期に専門の医者が当たる。しかし、センターは訓練をする幹部の養成にウエイトをおいていて、来てもらって機能訓練することは充分にできていない。


ウエンさんの説明を聞いたあと、私たちは慌ただしく青年同盟の館を後にし、クアンチ省人民委員会のある市役所に行った。そこでは副知事のグエン・ヴイク・チィンさんたちが迎えてくれた。

「クアンチは南北に分けられた一つの省で、一九五四年にフランスが負け、ジュネーブ協定でベン・ハイ川を一時的な休戦地とし、暫定の国境線としましたが、それが二〇年続き、七五年にやっと統一された」

「両側の激しい激戦の所で、二〇年にわたるアメリカとの戦いはクアンチ全体を破壊した。森やジャングルは枯れ葉剤で焼かれた。そして数万人が犠牲にされた。戦争の傷跡を克服することは大変なこと。多くの子どもが生まれたが、枯れ葉剤で一生不幸な状況になっている」

「ある家庭では、生まれた子ども全員が枯れ葉剤の障害を持っている。そしてまた一般の人も戦争のために不具になった」

「ベトナム政府は、これを克服するため、年寄り、兵士や活躍した人、枯れ葉剤被害児童を優遇する措置をとった。しかし、貧乏な予算なので国際的な援助が大事だ。『百聞は一見にしかず』ということでクアンチ省の枯れ葉剤被害児童への援助をお願いしたい。私たちクアンチ省との友好・連帯が深まることを心から期待する」

支援金授与式を無事終了し、市役所の招待での夕食となった。もちろん副知事も出席してである。彼は四三歳。この州の平均年齢は六六歳（女七〇歳、男六五歳、男性が少ないこともある。一〇〇歳以上の女性もいるとのこと）だという。この州の産物は「胡椒（辛くて香りがいい）」「エビ（大きくてトラという）」「コーヒー」だという。

最後に、クアンチ省の子どもたちの絵を素材にして作られた二〇〇〇年のカレンダーをお土産にいただき夕食会を終わりにする。

三番目の子どもに異常が

翌日、私たちは恒例の家庭訪問をした。八時二〇分、雨の中私たちのバスは出発した。ヒェンさん（一九六九年生まれの三一歳、女性）の家。彼女の両親は共に六九歳。

以下、母親の話である。

ここ（カム・アン地区）クアンチで戦っていて爆弾を受け失神をした。枯れ葉剤爆弾を二度受けた。今住んでいる所から二キロ離れたジャングルで戦っていた。自分だけが枯れ葉剤を受けた。父親は受けていない。枯れ葉剤を受ける前に生まれた二人の子どもは健康である。三番目の子ヒェンさんが一四年ぶりに生まれたが、この状態であった。ハノイにある婦人難産病院で出産。

ヒェンさんの症状は、知能の遅れ、全身のかゆみ（手足の皮膚の異常）、昼間はおもちゃで遊ぶが、夜は気分が悪くなって眠れない。食事は何とか自分で食べ、トイレも昼間は自分でする。しかし洗濯などはできない。

生まれた時は両腕だけの異常だったのがその後全身に広がった。治療は中南部にあるダナン病院に行ったが、枯れ葉剤の後遺症で「治らない」といわれ、今は何の治療もしていない。とにかく美味しいものを食べるだけといわれた。

ヒェンさんの母親自身の症状は、枯れ葉剤を浴びた一時間後に吐き気がし、血を吐き出した。そのあと皮膚が赤くなり、髪の毛が完全に抜けた。その日二度目の枯れ葉剤を午後二時に受け失神をする。そして翌日の朝まで何も知らず生きていた（失神していた）。二日後、身体が痛く骨が針で刺されたような気持ちになった。その後北ベトナムで治療をする。

現在、月に一～三回頭がちくちく痛く、骨も痛い。こんな天候の日（雨がしとしと降っている）は、針で刺されたような気持ちだ。

ヒェンさんを訪ねる途中に村の保育園があった。我々が家庭訪問をすることがわかっていたのか、きちんと行儀よく椅子に腰かけている。まさに出迎えているという感じである。しかし、その「統制」に屈しない二人の子ども（男児、女児）を見つけた。うるさくて立たされていたのか、二人で手を取り合って大声を立てている。しっかりと座っている子どもたちとは対照的。しかしこれこそ子どもで自然だ。頑張れ、子どもたち。

省の機能回復センター

ここはドンハー市子ども障害機能センター。そして省の機能センターである。

五歳の知恵遅れの男の子。

四ヶ月前まで歩けなかった三歳の女の子。

足と手がマヒした一二歳の女の子。

一歳上の健康な姉に怒られても笑いころげている一一歳の知恵遅れの女の子。それを見ながら、姉は「貧乏だし、妹の面倒を見なければならないので学校へ行くのは、やめた」とつぶやいていた。

ここはあくまでも機能訓練だけ。六人のスタッフで一六人の子どもたちが訓練を受けている。昨日会ったウエン・ツル・ツリー医師がここの所長でもある。

ホーチミンルートの突撃隊員

ドンハー市第五区に住むホイさんを訪ねた。彼女の家は、なかなか立派な家の隣に寄り添うように作られた貧弱な建物で、まるで小さな小屋のようだ。

かつて彼女はホーチミンルートの青年突撃隊で活動していた。いま五一歳。未婚の母親で生まれた子どもは全身マヒの状態。戦後は裁判所に勤めていたが、彼女自身が心臓病もあり、今は仕事をやめて子どもを見ている。

ホイさんはここから六五キロ離れたフンホアという所で枯れ葉剤を浴びた。一六歳からクアンチの遊撃隊に加わっていたという。

彼女が生んだ子どもは八歳（男の子）になる。だが、生まれた時のままで、手足が萎縮した状態。筋肉も縮み足を伸ばすこともできない。母親の話は、どの程度分かっているのか分からない。心臓病と胃の病気をかかえた彼女が、この子を自転車で機能回復センターに連れて行き訓練をしているとい

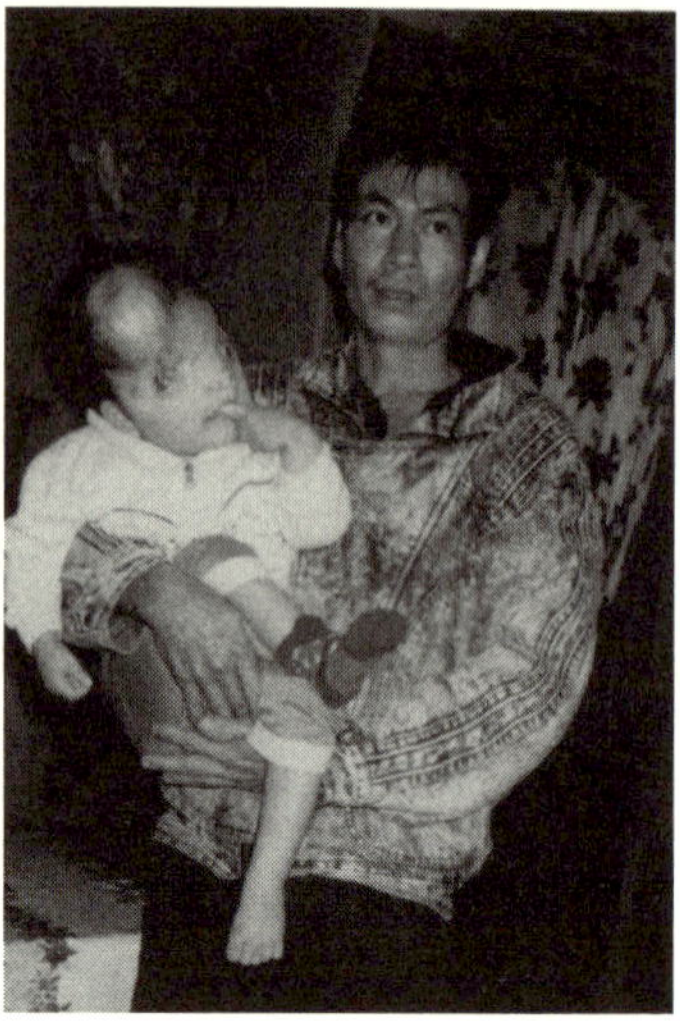

[2000年1月26日] クアンチー省
父32歳と2歳の3番目の子

う。大変なことだと思った。生活の糧は月二〇万ドンの年金だけ。これで親子二人が生活をしているのだ。

これまで私たちは、人間が直接枯れ葉剤に触れ、あるいは吸収した結果起きる障害について見てきたが、「汚染された動・植物を食べたことによる障害」については知らされていない。聞いてみると、その分野の研究はまだないという。クアンチ省はアメリカが大量の枯れ葉剤を撒いた地域であることもあり、おそらく多くの健康障害が出ていると思われた。しかし「事実はまだわからない」ということだった。

頭の大きな子をかかえた父親

クアンチ市第一地区にある家を訪ねた。庭もあり倉庫もある大きな家だ。三つ以上の部屋がある。頭の大きな子をかかえた父親が私たちを迎えてくれた。

両親はいずれも一九六八年生まれの三二歳。父親の名はド・ディックさんという。彼は二三歳の時に枯れ葉剤を受けた。もともと別なところに住んでいたのだが、ここに移り住んできて枯れ葉剤がまかれたジャングルに入って木を切り、井戸水もよく使ったという。たまたま母親は市場に行っていて留守で、会うことはできなかった。ディックさんが子どもたちの症状について説明してくれた。現在の生活は農業で支えているというが、家の造りから結構手広くやっているのではないかと思われた。清潔にしているらしくトイレの匂いもまったくない。

頭の大きな子は三歳（一九九七年四月二〇日生まれ）の男の子。唯一、私たちが目にすることができた片方の眼も義眼である。ヴェンちゃんというこの子は三番目の子どもで、上には五歳の男の子（一九九四年八月生まれ）、と七歳（一九九二年一一月生まれ）の女の子がいる。

ヴェンちゃんは生まれた直後は、髪の毛がなく意識もない状態だった。ホーチミン市の病院で頭の手術をしてもらった。手術前の写真を見ると、口唇障害もあるようだ。手術後の現在も頭がだんだんと大きくなっているという。

七歳の長女も出生後、髪の毛がない状態であった。しかし、彼女は治療を施した結果、回復し現在は学校へ通っている。

6　タイビン省に残された爪痕

〔第六回訪問（二〇〇一年一月二九日～二月四日）〕

今回の訪問は「ベトナム・リハビリ医療施設建設予定地（タイビン省）」の視察が目的である。団長の松浦正美氏（ＪＶＰＦ日本ベトナム平和友好連絡会議副会長）を含め総勢七名の団である。受け入れはホーチミン共産主義青年同盟。対応はシデコ＝国際青年協力開発センター。

訪問先は、ホーチミン廟献花、越日友好協会、シデコ＝国際青年協力開発センター（ここでは、ベトナム共産主義青年同盟からＪＶＰＦの副理事長でありIFCCの事務局長である鎌田篤則氏に「ベトナムの若者のために貢献してくれた」ことに対する勲章が授与された）、ホアビン村、以上ハノイ市。子ども救護委員会、枯れ葉剤被害者家庭訪問、以上タイビン省。青年同盟、枯れ葉剤被害者家庭訪問、人民委員会、以上ダナン市。戦争証跡博物館、解放軍指令跡クチの地下トンネル、ホーおじさん記念館、以上ホーチミン市。

北部の穀倉―タイビン省

今回の訪問地はタイビン省である。ここは一九九七年にも行っているのだが、この地域の概況はつぎのとおりである。

「人口一八三万（一九九六年）、面積一、五〇九平方キロメートルで、ハノイ、ホーチミン市に次ぐ人口密度の高い地方で、省都タイビン市とフンハーなど七県からなる。黄河沿いに広がる全域がデルタで農業の発展に最適の条件を有し、北部の穀倉である。稲作以外にも、五、〇〇〇ヘクタール以上のジュート、三、〇〇〇ヘクタール以上のイグサ、約一、〇〇〇ヘクタールの桑など輸出農作物は多い。年間三、〇〇〇トン以上の冷凍肉を輸出する養豚など畜産業も盛んである。テンエンハイ県で天然ガスも産出し、工業が発展する可能性もある」（『ベトナム事典』一九九九年六月発行）

その前の年（一九九六年）、ホアビン村のヒェン先生は、こうも説明していた。

「タイビン省は、激戦時ではないときでも戦場に行った人が多いところです。被害を受けた人が二一、〇〇〇人いるが、そのうち枯れ葉剤の被害を受けた人は一、四〇〇〇人です」

そのとき同行してくれたシデコのキム・アンさんはつぎのようにも語っていた。

「二一、〇〇〇人のうちの一、四〇〇人は子どもに限った枯れ葉剤被害者です。この省は貧しい省なので、軍に志願するものが男女ともに多かったのです。貧困のため不良・乞食・スリなども多い地域でした。戦後、政府の高い地位についた人でも、汚職をする人はこの省の人が多いという人もいます。銀行の汚職もそうだといいます。一九八九年以来、輸出業者が認可制になってから少なくなってきた」

「この地域は農業が軸です。人口の九五%が農民。ドイモイ（「刷新する」「改革する」という意味。紆余曲折を経たが、一九八六年一二月の第六回党大会で正式の党の政策として採用された。その骨子は「社会主義に至る過渡期は、比較的長期の歴史過程である」「重工業優先を見直し、農業を基本として食糧・食品の増産、生活消費財の生産拡大、輸出品の拡大に優先順位を与え、そこに投資の六割を集中させる」「国営・公営企業以外の資本主義的経営や個人経営の存在を認め、その有効活用が合法則的であることが公認された」「国際分業、国際経済協力に積極的に参入していく」の四点に整理される）が始まる前、土地全体が集団的所有なので、なまけても待遇が同じだという状況が、この農村だった。土地自体が豊かなのにどんどんやせてきた。肥料を輸入して、土地を豊かにするという資産もなかった。

　国の問題としても、工業をやるほどの基礎的力もなく、農業を軸に高い機械を輸入することもできなかった。ドイモイに入る前は、農民に働く意欲を持たせることの力もなかった。土地と農村の格差もあり、若者は軍に志願せざるを得なかったのです」

ホアビン村のその後

タイビン省視察に行く前に、いつものようにホアビン村を訪れる。すっかり馴染みとなったヒェン先生が大きく手を広げて迎えてくれた。ヒェン先生によれば、この間、タナハシ氏（この方の詳細は不明）という人が八五、〇〇〇ドルを新しい村（バクザン省）の建設のために援助してくれたという。

「前回の訪問時、各省に子どものリハビリ医療施設を作っていくと聞いていたが、まったくない省はいくつあるのか」と聞いてみた。すると、ホアビン（平和）村としては依然七つ（南に六ヶ所、北はこだけ）で増えていない、とのこと。面倒を見る施設はいろいろあるが、ホアビン村のように枯れ葉剤被害児童を対象とした目的で運営するところは少ないのが現状だ。

枯れ葉剤の後遺症をもって生まれた子どもの数の把握は、現実にはなかなか困難のようだ。なぜなら、現在進行形であり、今も生まれ続けているからだ。といって、その子たちが一〇〇％枯れ葉剤の後遺症であるかどうかはわからない。確定するのは簡単ではない。

戦争で負傷した枯れ葉剤被害兵士をいろんな形で調べて、研究して、チェックしてから近いうちに公表する予定だという。また、ヒェン先生によれば、「いま、大阪医科大学とハノイ大学との連携で研究中だ。そして社会傷病省が最後の結果を出そうとしている。だが、ホアビン村の北から南まで調べようとなったが費用がかかる。本当に枯れ葉剤被害の検査をするとなれば金がかかるのだ」

「六名の子どもの機能回復に向けた手術に三年かかった。昨年来た時、その後の資金要請がなかったということだが、その窓口になっている北村さん（手術のための費用を提供してくれる人）と連絡が取れていない。連絡が取れれば再度要請をしたい」とのことだった。

ヒェン先生によれば、黒いアザのある女の子をアメリカ人が来た時に見てその手術代を出すことになった（アメリカから視察団が訪れ、その中にいた医師が帰国後、寄付をつのって、本年、アメリカで治療を受けさせてくれることになった）。このアザは「肉腫」となって拡大する。彼女の場合には顔にもあるが、背中の肉腫が拡大していた。

この子と同じ症状の子が今入っているというので、話し合いの場に呼んで頂いた。その子の名はタイ・ティ・ガーさん、一〇歳の女の子である。彼女はお尻にその肉腫が拡大している。彼女の出身は、ディニアン省タン・フィ県ミエ・ファン村で、五人兄弟の末っ子。姉はもっとひどく手足がマヒをしている。他の子どもたちはみんな知恵遅れである。

ちょうどこの時期、ベトナムは「旧正月（今年は一月二四日から一五日間）」ということもあり、子どもたちはほとんどが家に帰っている。私たちが訪れるということもあり何人かの子が早めに村に戻ってきていて、この日は卓球を楽しんでいた。一九九五年初めてここを訪れた時に顔を合わせた姉妹は一七歳と一五歳に成長していた。しかし、六年たっても背丈は少しも伸びずにいる。卓球台を基準にして見るとやっと肩から上が出ているだけだ。彼女たちの描いた絵といっしょにカメラに収まった。

タイビン省子ども救護委員会

フアン・ミン・タム委員長から枯れ葉剤被害の実態とその後の状況についての説明がされた。

タイビン省は、平野が多く川と海に囲まれた省だ。面積は一、五五三平方キロメートル、一八〇万人近い人口、そのうち五〇％が農業人口だ。一六歳までの子どもの人数は全人口の三五％。稲作なので、年間二〇〇ドル（農家一戸あたり）くらいの収入でしかない。国家や政府から援助を受けたが、大変困難である。障害の子どもたちは一〇、〇〇〇人に達する。注意すべきことは、両親が枯れ葉剤に被爆をし、そしてその後遺症としての障害である。最近のデータでは、二、〇〇〇人以上の子どもがその状態で、増えている。出生異常は、以下の通りである。

奇形　一五％（三〇〇人）
全身マヒ　一三％（二六〇人）
盲目　三％（六〇人）
聞こえない・話せない　九％（一八〇人）
神経異常　二五％（五〇〇人）
脳障害　一三％（二六〇人）
その他皮膚・顔・異常二二％（四四〇人）
（人数は％で割り当てたもの）

他の国からの援助や政府から手当を受けているが、両親が枯れ葉剤に被曝をしているので働けないなど困難な家族が多い。これは他の病気とはまったく異なり、注射や薬だけでは治らないからだ。一九九七年に通学していた五％の子どもたちは、一〜二年かよったが、その後かよえる状態ではなくなった。衛生局や子どもを見る委員会は、子どもを集めて調査することを決めた。その結果を分類して両親や親戚の人にどんなふうに世話をしたらいいか教えてあげる。普通の病気だけなら医者が来て薬で治すことができるが、枯れ葉剤の後遺症はそれでは治らない。運動の不自由、手の曲がりなどは手術で治るが、その他はまったく治らない。

今願っているのは、復活できる障害児（教育や訓練や手術で治る可能性のあるものに手を打つということ）を選んで、なるべく克服できるように努力したいということだ。

例えば、足は曲がってはいるが頭がいい子どもの場合には、集団で通学できるように車を手配して頑張っている。以前四人の盲目の子どもがいたが、その内二人が盲学校に行っている。克服できる可能性はあるが、その率は少ない。枯れ葉剤の後遺症を治療で克服するのは簡単なことではない。

ファン・ミン・タム委員長の説明（つづき）

戦後二五年がたったが、枯れ葉剤を浴びた両親のもとで出生した子どもは枯れ葉剤後遺症の障害を持っている。まったく可哀想なことだ。枯れ葉剤の後遺症の影響について専門家ではないがある家族は三世代までそれが続く。治療は短期間ではできない。長期間でないとだめだ。だからこそ、これを克服するために協力をお願いしたいのだ。

さきほど紹介した「数」の把握はタイビン省人民委員会と関係する委員会（子どもを守る委員会、厚生局、赤十字、負傷兵委員会、共産青年同盟など）で調査したものだ。政府だけでなく一般の調査委員会での後遺症の根拠は、「両親が、枯れ葉剤がたくさん撒かれたところで戦い、活躍をし、戦後結婚をし、子どもを出生した」「出生した何人もの兄弟姉妹がまったく同じような症状であった」とところからいっている。例えば三人の子ども全員が盲目であった、また六人とも心臓病で五〜六歳までしか生きられないという結果がある。実験や検査には大変な金がかかるのでやりきれないという実情だ。

四年前に大阪医科大学を中心とした日本の医者が一〇人訪れて調査をしたという。だが、その結果はまだ出ていない。

幸い家庭に戻れた子どもに対する国家の援助は、枯れ葉剤後遺症障害の子どもに対して「手当をしてくれる」という方針があった。一人、一ヵ月、八万ドンの援助を受けた。そして重傷の子どもには一〇万ドンということなのだが、これは決まった文書だけで現金は受けていないため、各現地の一般の人から援助を求めている。人道的に民衆の援助（子ども基金という形で）で行われている。

二、〇〇〇人の枯れ葉剤被害後遺症児童の数が、全国比との関係で多いのかどうかについては、国家レベルの調査はここではしていないので具体的に把握していない。が、クァンニン省は数百人だが、クァンチ、クァンガイ、ダナンは、直接枯れ葉剤が撒かれたところなのでその数字は高い。

タイビン省の人たちは、「ホーチミンルートには、一九六八年、六九年と、アメリカが集中的に枯れ葉剤をまいた。そこに戦いに赴いた」ということ、また「突撃隊やジャングルで戦った部隊」が多いということだ。

第三世代での発症という問題は重要だ。いまのところ枯れ葉剤被害児童二、〇〇〇人のうちの中では数人くらいだという。枯れ葉剤被害の後遺症は第三世代の子どもまで影響を及ぼすということがわかってから、子どもを出産しない人が増えている。調査する時は、祖父→父→子という順序で調べるが、まったく枯れ葉剤の後遺症と言い切れないが影響があると思われるものは遺伝子を調べる。

一九七五年から一九九五年の二〇年間で四、〇〇〇人の子どもが死んだ。毎年、生きのびられずに死んでしまう。三年前の一九九七年、私たちが当時聞いたのは、生きている子どもたちの数は一、五三七人ということだった。今、二、〇〇〇人の生存者がいるとはいえ、その中には一九九七年時から四年を経て、当然亡くなった子もいる。また、一六歳以上になるとこの数には入っていない。

この数年間ベトナム政府は、アメリカ政府に戦争責任を追及している。枯れ葉剤被害児童の数は多いので、子どものデータをとって調査（医学的調査ではない）をやるとすれば、六〇〇〇ドルはかかる。そのため出生後の現実のデータから判断している。

人道的な立場で世話をしているが、私たちもいつまで生きのびられるかわからない。治療、訓練、世話のできるセンターができるように協力をお願いしたい。今は、一か所に集めて、治療や訓練するのではなく、時々集めて訓練などをしている。

一九九七年のプロジェクト（タイビン省に「枯れ葉剤被害後遺症児童のリハビリセンター」を作る）の進捗状況は、各種機関に呼びかけたがまだ具体的にはなっていない。しかし、治療や世話をしてきたことで力を蓄えることができた。今後どういうふうにしたら良いか。はじめホアビン村と同じ規模のものを望んでいたが、こちらの具体的現実から出発をせざるを得なかった。曲がった足の子の手術をして、短期間で歩けるようにした。プロジェクトは独立した施設ではなく、他のもの（運動機能回復、一般治療、社会復帰の教育など）とつながるものがいい。大事なのは、枯れ葉剤被害の状態を把握できて治療や訓練をどうすればいいのか案内できるものにしたい。

支援金の残りは貯金して基金へ

私たちが持参した二二〇万円の金は、センターを作るためコンサルタントとして三人の医師が地方へ行って枯れ葉剤被害の治療、健康診断の薬を使ってのデータ作りに使われている。また重度の子どもへの補助金としても使われている。その後どうなっているかについては、ホアビン村のヒェン先生と相談（機能回復センターという形で使った方がいい、家族と力を合わせて訓練や治療をした方がいいなど）して報告書を出した。困難な子どもに対する家族への補助金として使った後の残りは、貯金してセンター建設の基金に入れるということになっている。

プロジェクトに対する救護委員会の今後の具体的計画は、私たちがどの位の金額を拠出してもらえるかにかかっているとの説明。機能障害を回復するための治療（運動回復機能センター）、健康調査をし、家族に対して治療の案内をする（治療センター）、教育訓練ができる（職業訓練センター）の三つを考えている、という。

こうして訪問の主たる目的である「ベトナム・リハビリ医療施設建設」に当たっての詰めた議論がなされたのであった。

家庭訪問の報告

①グェン・ホア郡グェン・フー村で。

父親―チャン・ミ・タウさん（四七歳）：一九七五年の解放時、クァンナン、クアンチ省にて戦っていた。兵隊には一〇年くらい勤めた。仕事は農業。身体の状況は、気候が悪くなると筋肉とひざが痛み出す。母親―グェン・ティ・デーさん（四五歳）：子どもは二人、両親が働いている時は家にロックしてある。三部屋の間取り。

女子―チャン・ティ・チュンさん（二二歳）：生まれた時は正常であったが、生後二ヶ月後から症状がでた。「しゃべれない」「足が曲がった」状態で立つこともできない。母親の言うことも理解するのは、ほとんど無理。顔はかぶれがひどい。かぶれは全身がやられているが、太陽が当たっているところは特にひどい状態になる。男子―チャン・ファン・ファン君（一六歳）：少しは歩けるが、しゃべれない。症状は姉と同様。

②グェン・ホア郡グェン・フー村で。

父親―チャン・ワン・トァンさん（四二歳）：タイニン省に一九六七年の一年間いた。その後一九七〇年から七一年の間カンボジアに派遣された。計三年間兵役に就いている。クアンチへは、戦争が終わってから行き兵器の後処理をしていた。身体は筋肉がいたい。農作業はある程度やれる。母親―ウィン・ティ・トァンさん（四〇歳）：初めての子どもが枯れ葉剤による症状がでたので、後は出産しないことにした。子どもは、一〇歳までは元気だったが、それを過ぎると弱くなった。この土地は祖母の土地。家は二間だけ。

男子―チャン・ワン・トェン君（一四歳）：生まれて一ヶ月目で症状がでた。夏の暑い時は光りに当たることはできない。皮膚がかぶれている状態。今は少しいい状態だが、夏はもっとひどい状態になる。聞こえない。視力も弱い。ほんの少し話す。

③市役所の人の話

この村は、三、二〇〇戸、一二、〇〇〇人の人口。こういう家族は二七家族あり、子どもは二一人いる。この差は、父親が枯れ葉剤を浴び、結婚して子どもが生まれたが「死産」だったということ。こういう家庭には、省から正月などに若干の見舞金か物を出す程度。

二家族の訪問を終えてハノイへの帰途、通訳のビン氏がこんな話をしてくれた。

「ベトナムは、原油は取れるのだがそれを精製できる施設がないので、精製されたものを輸入している。製油所は今建設中だ。農民の耕作地は国のもの。住居は所有権がある。土地は金を出して買ってもいい。合作社―協同組合としてあったものはドイモイ導入後、五〇年くらいの単位で、家族の頭割り人数で割り当てて、自分の力で農作物を作ることができるようになった。収穫後は農業税だけ国に納める。残りは自分たちで使える。農作物を作るためには金が必要だが、金がない人には貸すこともする。貧乏な人に金を貸す基金もある」

ダナン市の実態

ダナン青年同盟「枯れ葉剤被害児童基金」担当者の話を聞いた。ダナン青年同盟の建物の前には、ベトナム共産党の七一周年を祝う横断幕と共に「Welcome Members of International Friendship Culture Center Japan To Danangcity」の横断幕が大きく掲げられている。

早朝のダナン空港に出迎えてくれた若者が顔をそろえている。フォ・ワン・ダック青年同盟の書記長を軸に参加者が紹介される。そしてダナン市における枯れ葉剤被害児童の状況について説明される。以下はその説明である。

枯れ葉剤被害者は全体で五、四七六人(男三、〇六七人、女二、四〇九人)いる。そのうち〇歳から一五歳までの子どもの数は一、八五六人。市全体の人口は二〇万人だが、全体の子ども数はわからない。一般の障害のうちの何%に当たるかもわからない。しかし、妊娠した時に枯れ葉剤の障害があるかどうか調べて、出産しないようにしていることは事実だ。わからないということは自分たちがそのデータを持っていないということだ。

・一、八五六人の子どもたちの内訳は、

フエン・ホア・バン県　一、〇二五人

クアン・タイン・ケ郡　一九六人

クアン・ハイ・チャ区　　二〇七人
クアン・リエン・チョウ区　二〇一人
クアン・ソン・チャ区　　一六〇人
クアン・グゥ・ハァン・ソン区　六七人

・一ヶ月子ども一人当たり八八、〇〇〇ドンの支給
・健康保険からは一ヶ月七五、六〇〇ドンの支給
・実際に解決できたのは、大人と子どもを合わせて、国家から支給を受けたのは四二七人、青年同盟として時期的限定のもとに支給したのが三〇〇人（基金ができれば支給できるが、なければできない時もある）で、合わせて七二七人。残り四、七四九人は支給を受けていない状況だ。死ぬまで年金を受けられない人も出てくる。
・ダナン青年同盟は、特に困難な家族への社会基金として三、〇〇〇万ドンを作り、七六人に一人月に二〇万ドンを与えていた。
・青年同盟の活動には、経済的に、病気の時に困っている時にすぐ助けてあげる「志願隊」がある。青年同盟の活動としていろいろなことをやっている。たとえば長期的に「基金」を集めるため、「宝くじ」の事業をやって四億六、〇〇〇万ドンを集めた。また、さまざまなチャリティや文化事業を開催している。土曜労働というのもやっている。これは、志願労働で水道工事や道路工事を受け入れて建設するなどのこともやっている。こうしたキャンペーンで一億ドン集めた。「基金」は合計五億六、〇〇〇万ドンになった。そのうち「個人住宅の建設」「健康回復」援助に一億六、〇〇〇万ドン使い、現在四億ドンが残っている。

・四二七人が国家から支給されることになったのは、寝たきり、動けない、経済的に困難な家族、被爆した両親が、枯れ葉剤が投下された地域で戦った人などである。
・日本からピースボート（平和の船）が寄港する際は、通常二〜三日間立ち寄り、交流することになっている。そのチャンスを利用して募金をしてもらっている。年間二回、一、〇〇〇人が一、〇〇〇円ずつの募金をしてくれた。
・青年同盟としては、枯れ葉剤被害児童の症状について把握しているわけではない。それは厚生省が軸に行っているからだ。しかし、救援事業に関わってわかったことは、枯れ葉剤被害児童は生きのびることができない、二二歳を超えることなく死んでしまう、ということだ。総合的調査で、生まれてから死ぬまでで二二歳で、その年齢を超えることができないということだ。一五歳で身長がストップしてしまうという子もいる。
・第三世代の調査は、統計的には出ていない。第二世代の人の数は把握をしていないが、実際にいる。
・枯れ葉剤被害者全体の五、四七六人のうち大人はファ・バン郡に一番多い。これはホーチミンルートにおける突撃隊出身者だ。もともとダナン市に住んでいた人は枯れ葉剤を受けていない。五、四七六人のうち兵士は一、六一七人、民間人は二、九八七人で、ダナン市に住んでいたが戦争で解放区に移動し、戦後またダナンに戻ってきた人だ。その他は、もともと傀儡政府で働いていた人だ。

以上のような説明を受けた後、初めてのダナン市での家庭訪問に入った。

家庭訪問の報告（その2）

①ダナン市チェン・フー通りの住宅地域で。

二階建ての結構良い家である。部屋の中もきれいにしている。

父親（四七歳）は現在兵士である。クァンナムで激戦に三年間従事。今は筋肉がいたい。兵隊の給与を受け取っているが、その月給だけで妻と子どもの三人を養っている。母親（四八歳）も同じ所にいた。一九六八年から一九七五年まで一三年間兵士であった。彼女自身もリンパ腺が悪く、放射線治療を受けている。目もチカチカといいたい。首の部分が腫れ、その腫れが大きく波打っている。

女子―ノウ・ティ・ナップハン（一七歳）さんは二番目の子。生まれてすぐから症状がでた。身長は成長しているのだが、まったく立ち上がれない。親の言うこともわからず、嬉しいのか、悲しいのか自分の意思も示せない。内蔵はあまり悪く現れてはいないようだ。

男子（一八歳）は、下の子ほどの状態ではない。学校へは行っているが、知恵遅れである。

②ダナン市チェン・フー通り住民区で。

家の中はすてきなベトナム音楽とそれに合わせて歌声も聞こえた。ラジオだった。

父親―ウェン・バン・ルック（五三歳）さんは解放軍文芸工作隊の兵隊として山の方へ行っていた。解放区でベトナム兵が戦っている戦場に行って演奏していた。現在は、文化情報局に勤めている（彼はこの日は不在であった）。彼は作曲家である（この家にはオルガンもある）。社会保障局から少しだが金を支給されている。母親―ブイ・ティ・ハン（四三歳）さんはずっとダナンに在住。勤めている（ダナン科学総合図書館）ので、昼間は自分の母親（七五歳）がこの子の面倒を見ている。

女子―グェン・ティ・カンベンさんは一九八二年生まれの一八歳。話が始まって、両親がラジオの音を低くした。すると彼女は急に不機嫌になり暴れ出した。そういえば私たちが部屋に入ったとき、彼女は曲に合わせてリズムをとっていたのだった。私は、ラジオの音をそのままにして、私たちが声を大きくしましょうと提案した。ラジオの音をもとにもどすと彼女は笑顔になった。

彼女は生まれた時、泣くことができなかった。真っ黒い肌で呼吸が難しい状態だった。死んでしまったのかと思い白い布を顔にかぶせたほどだった。一ヶ月間、ホウライ人参を粉にして飲ませてやっと声が出せた。身体も小さかった。（こんな会話の中、彼女の手が通訳のビン氏をつかみ、何事かの意思表示をしている様に見える）母親の話は少しわかるようだが、まったく話せない。音楽を聴いているのが好き。好きな曲を選ぶことができる。歯はまったく弱い。

バイクに乗せると楽しくなって、外から家の中に入りたがらない。音楽が奏でられているので、今日はおとなしい。（自分の意思を少しでも表せるということが、せめてもの救いだろう）

男子（一三歳）―あんまり健康ではないようだが、外でサッカーをやっていた。

二間に台所、三軒長屋の真ん中である。玄関に出て見送る母親と弟。どちらかというと彼女の家は裕福な方なのだろう。

「重大な過ち」の一部――戦争証跡博物館で

何回目かの訪問である。訪れる日本人が多いのか、渡されたパンフレットには日本語での説明が紹介される。その中身からひろってみたい。

ベトナムの戦争証跡の数々―一九六五年三月八日アメリカ軍がダナンへ初めて上陸。

回想録『過去を見つめ返そう――ベトナムでの悲劇や数々の教訓を』の中で、当時のアメリカ国防長官マクナマラはこう述べている。「私たちは過ちを犯してしまった。重大な過ちを。私たちは、将来の各世代に対して負債を負い続けなければならないだろう。なぜこの過ちを犯してしまったのかを説明するために」

以下の資料はその「重大な過ち」の一部である。

「ベトナム戦争を遂行するために、アメリカ政府は延べ六五〇万人の若者を動員し、直接戦争に参加させた。ピーク時には、南ベトナムの地に五四三、四〇〇人のアメリカ兵が駐屯していた（アメリカ陸軍の七〇％、空軍の六〇％、海兵隊の六〇％、海軍の四〇％、二二、〇〇〇のアメリカ企業が直接ベトナム戦争に従事していた）。アメリカは戦争中、七八五万トンの爆弾（銃弾は含まない）をベトナムに落とし、七、五〇〇万リットルの枯れ葉剤（ダイオキシンを含む）を南ベトナムの森林や農村、田畑にばらまいた。第二次世界大戦中にアメリカが各戦場に落とした爆弾の量は二、〇五七、二四四トンであった。アメリカ政府の発表した数字によると、アメリカがベトナム戦争中に使った費用は三、五二〇億ドルであったという。

アメリカが北ベトナムに落とした爆砲弾はベトナムの各施設を破壊しつくした。高等学校から大学までの各学校二、九二三校、病院、産院や診療所一、八五〇ヶ所、教会四八四ヶ所、神社や寺は四六五ヶ所。現在も正確な統計は出ていないが、ベトナム戦争中およそ三〇〇万人近くのベトナム人が死亡、四〇〇万人のベトナム人が負傷、五八、〇〇〇人以上のアメリカ兵が死亡した。

ベトナム人民にもたらされた戦争の後遺症はあまりに深く、計り知れない。今日、私たちは過去を見つめ直し、歴史に学び、決して恨みを呼び起こしてはならない。なぜならベトナムの地に再びあの悲惨な光景が蘇ることのないように。またそれは、私たちの地球上のどんな場所でも、繰り返されてはならないものである」
「重大な過ち」の責任がアメリカにあったことをもっと明確にすべきだろうと思う私の気持ちはあるが、まずはその一部が紹介されている。

収録されている写真の数々

そしてパンフレットには写真が収録されていて、それには以下のように説明文がつく。

・CBU55B爆弾は、アメリカの近代兵器の一つである。一回の爆発で半径五〇〇メートル以内の酸素を消滅させる威力を持つ。アメリカは、一九七五年四月九日にドンナイ省のスアンロクで使用した。

・「地震」爆弾一五、〇〇〇ポンド（六・八トン）はアメリカ軍によりベトナム南部で初めて使用された。一撃で直径一〇〇メートル以内を破壊しつくし、三・二キロメートル範囲以内に振動を起こすことができる。

・各種の大量殺傷爆弾。特にボール爆弾はベトナムの各地でばらまかれた。

・ボール爆弾による犠牲者。

・ベトナム上空を飛行するB52戦闘機。

・ベトナム南部に枯れ葉剤をまくアメリカ軍の飛行機。

・アメリカによって落とされたナパーム弾。

・ナパーム弾による犠牲者。

・アメリカ軍の尋問に答えるのを拒否したため、ヘリコプターから落とされるベトナム人。

・一九七二年四月一六日、ハイフォン市郊外の病院がB52戦闘機により爆撃を受ける。
・アメリカ軍はある村を襲撃する時、まずその村を完全に包囲し、ジェット機を使って激しく爆弾を投下し無差別に銃撃を行った。その後、武装ヘリでロケット弾、機銃弾をあらゆる場所に打ち込んだ。一九六六年、第一騎兵師団、ビンディン省。
・激しい銃声がやんだ後に、恐ろしいほどの静寂が残された。ギラギラと光る太陽の下で、少年の身体から流れる血を乾いた地面がどんどん吸い込んでいた。一九六六年、第一騎兵師団、ビンディン省。
・行軍中のアメリカ軍によって捕らえられたベトナム女性。
・戦車に足を縛り、道路上をボロボロになるまで引きずり回した。
・アメリカ兵により拷問にかけられるベトナム農民。
・ベトナム革命兵士の頭を切り落とした後記念撮影をするアメリカ兵。
・一九六八年三月一六日、アメリカ兵はクァンガイ省ソンティン県ソンミ村で虐殺事件を起こし、五〇四人の村人を殺害した。
・庭の茂みの方向から地下壕まで点々と血痕が続き、中から人のうめき声が聞こえる。一人のアメリカ兵が手榴弾を二発投げこむとうめき声はやんだ。もう一人のアメリカ兵がベトナム農民の足を紐で縛って地下壕から引き出した。

状況が語られている写真と文章は、日本人ジャーナリスト石川文洋著『ベトナム解放戦争』からのものが引用されている。枯れ葉剤がまかれたことは記されていても、今現在このための後遺症で苦しんでいるベトナム人の姿はこのパンフレットにはない。この点はアメリカに若干配慮したものになっているのだろうかと考えてしまう。

「戦争犠牲者」の部屋。ここは枯れ葉剤の被害状況を克明に記録（枯れ葉剤の撒かれた量、地域、人口など）し、ホルマリン漬けの奇形胎児など、戦争の傷跡が生々しく証明されている。この部屋から出る時の私の心はいつも重い。いや、それは私だけではないのかもしれない。部屋の外にあるベンチに座り込んでいる若いアメリカ人。しばし茫然自失という姿だったのが印象的だった。

7 リハビリ医療施設建設へ踏み出す

〔第七回訪問（二〇〇二年二月一七日〜二月二三日）〕

今回の訪問は「タイビン省・枯れ葉剤被害児童リハビリ医療施設」の起工式に参加。団は村山富市ＪＶＰＦ日本ベトナム平和友好連絡会議会長グループ六名、ＪＶＰＦグループ一〇名、大館市民グループ一一名、自治労宮城グループ一七名の四四名。受け入れはホーチミン共産主義青年同盟。訪問先は、統一会堂、以上ホーチミン市。人民委員会、枯れ葉剤被害児童リハビリ医療施設起工式参加、枯れ葉剤被害児童家庭訪問、以上タイビン省。ホーチミン廟献花、革命博物館、越日友好協会、ホアビン村、ドン・ムオイ元共産党書記長との会談、以上ハノイ市。クチの地下トンネル、戦争証跡博物館、以上ホーチミン市。

リハビリ医療施設の起工式

その日の午前、私たちはタイビン省人民委員会本部を訪問した。

私たちはこの日、こんどこの地域に建設される予定の、枯れ葉剤被害児童リハビリ医療施設建設予定地を訪れることになっていた。予定地は人民委員会本部から車で一五分ほどのところにあるという。本部では花束を手にした子どもたちが、私たちを待っていた。そこで簡単なセレモニーが行われる。村山富市団長、駐越日本大使館の岡田第一等書記官、ゴーバン・タン氏、ファン・ディン氏（市役所の人と思われた）、そして共産青年同盟のトラン・ダック・ロイ氏が紹介された。

紹介のあと、私たちは早速建設予定地に向かった。起工式式典の司会は、総合福祉施設（リハビリ医療施設はこの総合福祉施設の敷地内に建設される予定だ）の所長さんとのこと。起工式が始まった。タイビン省人民委員会委員長は型どおり私たちへの感謝の言葉を並べ、そこに参加しているベトナム側の参列者を紹介した。軍、労働社会局、工事に携わる建設・資材関係の人々などが参加していた。

つづいてタイビン省戦争障害社会保障局長が挨拶した。

「四分の一世紀前に戦争は終わったが、後遺症はいろいろな生態に影響を与えています。ベトナム戦争は長く、しかも後遺症によって困難な状況で、生活もできず、その後、生まれてきた子どもたちも後遺症を持ち、そのため、母親や親戚はみんな苦しんでいる。戦争の影響は、経済的にも困難にし、治療も厳しい状況です。通学すべき子どもたちも、障害を持っているのに治療が整っていないため苦しんでいる。タイビン省は、被害者が一番多いところ。調査の結果は、率も多いし、一九九八年七月の時点で、一六歳以下の被害児童は一、〇〇〇人にもおよぶ。経済的に厳しいにもかかわらず、社会労働局が援助を進めてきたが、その結果は芳しくなく、今、ようやく援助の運動が広まってきました。ホーチミン共産主義青年同盟の国際局とJVPF（日本ベトナム平和友好連絡会議）の方々が、タイビン省へ、リハビリ医療施設建設のために八万ドルを援助してくれることになりました。特に、元首相である村山JVPF会長が枯れ葉剤の子どもたちに関心を持っていただいたことに感謝を申し上げたい。

今日、正式にリハビリ医療施設の起工式が行われることになった。村山団長はじめ皆さんの参加は、励ましと光栄なことである。つけ加えると日本のODAの援助を受け、タン・ディ橋が二カ月前に完成をした。その橋を、今日、渡ってもらったことは、大変嬉しいことだ。これはベトナムと日本の国民、大使の協力の結果で、うれしいことです。タイビンの子どもたちが苦しみを緩和して、偏見を取り除いて、一般社会に馴染めるようになるため、共産青年同盟と協力して施設の経営を実行するようにしたい。労働戦争障害社会保障局を代表して、本日参加してくれている人たちに感謝を申し上げると共に、連帯友好が永遠に続くことを祈念します」

村山富市代表、八年ぶりの訪越

村山富市JVPF代表は、これに応えて挨拶した。

「私が総理の時で、一九九四年八月にベトナムを訪問し、今回八年ぶりに再び訪れることができ、縁浅からぬものを感じます。日本の中で、活動を強めているJVPFの熱心さに打たれ、二〇〇〇年に会長を引き受けた。この度の、枯れ葉剤被害児童リハビリ医療施設は、JVPFが初めて手がけた大きな事業です。シデコ、ＩＦＣＣが、一九九五年からタンロン劇団アンサンブルを取り組んできた小さな事業が実を結んだものである。枯れ葉剤は、動物・植物の生命を絶えさせ、子孫まで根絶させるものである。ＪＶＰＦの活動は、平和を作る活動と一体であり、今回の事業は大きな意義あるものである。この活動が、ベトナムの平和を確固としたものに、そして、アジアの平和の貢献になるように望む。二〇〇三年には、ベトナム、日本国交三〇周年を迎える。ベトナムは長い戦争の中で、人づくり、国づくりをしてきた。ベトナムの勤勉さをもってすれば、大きな力に発展する。友好・親善・交流の拡大のために、二〇〇三年がそのスタートになればと願っています。最後に、プロジェクトの成功と、平和・友好が強まることを心から願うものです」

ファン人民委員会議副議長の挨拶がつづく。

「タイビン省は、一八〇万人の人口で、農民を軸とした地域である。フランス、アメリカの二回の侵略では、人力と財力で大きく貢献した県である。戦争後、その傷跡と後遺症を被り最もひどいものがあった。枯れ葉剤は、戦後二七年たって、一般の人々にひどい状況を呼び起こしている。戦争犠牲者（死者）一万人、負傷者四万人、そのうち枯れ葉剤被害者一万人、数千人の老人たちが、援助してくれる息子たちがいないために、困難な生活に陥れられている。心身の傷跡を治すことは大変なこと。物質的には、治療をしなければならない。政府は援助することを決議し、枯れ葉剤被害児童にはできる限りの援助をとボランティアやチャリティなどの活動を進めてきたが、それは十分ではない。リハビリ医療施設が建設されて治療できることは非常に大切なことと思う。戦争の傷跡を、家族、児童が自分のことを自覚して、社会復帰できることは、偉大なことである。人民委員会議は、日程通りに竣工してきちんと運営できるように指導することを約束します」

この後、このセレモニー会場の傍らに設置された「土」へのクワ入れ式となる。ここの施設は、二〇〇二年六月までに完成されることになっている。私は、司会をされた小柄でメガネをかけた「おじさん」の後を追う。通訳のハンさんの力を借りて、お名前を聞くとチュン・ザン・ルーさん。近くにいた看護婦さんに、現在のこの施設の内容を少しだけ聞く。「スタッフ一七人、子ども五〇人、オープンセンターなので、四五〇人の子どもたちもみています」。現在のこの施設は、枯れ葉剤被害の人々のためにある施設ではないが、その一区画にできるというところに、その意味があるということであった。

トンキン湾事件を機に南へ―ベトナム軍兵士だった父親

起工式のあと、私たちは被害児童の家庭訪問へと向かった。タイビン省総合福祉施設（機能回復訓練センター）から一五キロほど先にあるブーツ県ヴィエトツァン村。予定では村の人民委員会の人たちとともに行動するはずだったが、一一時四五分、到着してみると、彼らの姿がみえない。午後の予定が繰り上がったことがここには連絡されずにいたらしい。そういうことはしばしばある。やむをえず私たちだけで村に入る。

村の人口は一〇、〇〇〇人、「枯れ葉剤の家族は八家族で、一家族にだいたい五人位枯れ葉剤の子どもたちがいるので、四〇人位になるのではないか」という、遅れて合流し、説明をされた人民委員会の人の話である。

家庭訪問で会った青年の名はフォ・ワン・フォン君。一九八〇年生まれの二二歳。彼を真ん中に姉と弟がいる。私たちにお茶を入れてくれるワン君。外見では少しもその障害には気付かされない。父親の説明によれば、「ワンには肉腫が出てきてなかなか治せない。小さい頃から、成長するにつれて、身体の方はまだ小さいのに、それがだんだん大きくなっている。生まれた時は、それは黒い点（できもの）だった」

今はまったく治療はやってない。学校には何とか通い、一九九八年には、高等学校を終了。しかし仕事にはつけない状況。彼には他からの援助はまったくない。

父親は、フォ・ファン・フォンさん。一九四六年生まれ。一九六四年二月からベトナム解放軍に参加をし、所属した部隊はその年の八月に起きたトンキン湾事件を機に南に移動した。北から南への移動は「六ヶ月間の歩き」だった。そして、枯れ葉剤のサンプルが大量に撒かれたといわれるビン・ラン・フプラン区（タイビンから一、〇〇〇キロ離れたところ）で一〇年はいたとも言う。

一九七六年三月タイビンに戻り結婚をした。「生まれた長女は骨に異常があり弱かった」とフォンさんはつぶやいた。「あなた自身の体調は?」と訊くと、「軍を終えた後、下痢で食べられず、耳も目も悪くなっているが、子どもたちのために働いている」と力なく答えた。「政府、アメリカ、日本に対して思っていることは?」と訊くと、こう話した。

「軍に入ったころはとっても元気だった。でも、その後は枯れ葉剤の影響でしょうか。結婚しても子どもはちゃんと成長しないし。ベトナムはまだ貧乏な国なのです。少しでも援助してくれると助かります。こんな社会だから仕方がないのかもしれないが、戦争は絶対に嫌いです」

さらにこうも訴えた。

「当時のベトナム人は、戦争になれば戦線に行くのはあたりまえのことだった。だから、こういう被害は自分だけではなく、他の人にもあるはずなのです。本当に自分だけのことだけじゃないのです」

四回流産した母親の話

母親は、グイ・ティ・ラップさん。一九五五年生まれ。ずっとタイビンで生活をし、田畑の仕事をしていた。だから、直接、枯れ葉剤の被害は受けていない。私たちへの応対はもっぱらフォンさんがやり、ラップさんはそのかたわらにいて、ただ頷くだけだった。だが、私たちの帰り際、彼女は口を開いた。自分の言い分もちゃんと聞いてほしい、ということなのだ。

「長女が生まれる前、じつは私は四回の妊娠をしている。でもみんな流産でした。だから自分自身の身体の調子も良くないのです。耳も悪いし。一九七二年頃、戦争がひどかった時には、ここで軍の仕事もしていたのです」

長女はウ・タンさん、一九七七年生まれ。父親が「骨の病気がある」といった子だ。話によれば、背中の骨が曲がり、正常には機能しないようだ。この日、ついに彼女は私たちの前には現れなかった。できものができやすく、保険で治療をしたのだが、なかなか治らなかった。その後、ハノイの病院で治療してもらったが、手持ちの金もなくなり、その上に「これは治らない」といわれたという。二〇〇〇年から、一ヶ月四八、〇〇〇ドンの支援金が福祉センターから出るようになった。

ゴ・マイ君という名の次男は一九八二年生まれ。彼は現在軍人である。それだけ聞くとまったく健康かと思いホッとしたが、そうでもなさそうだ。最近になって首の周辺に「腫れもの」が出てきているということだった。

ここで「トンキン湾事件」について、少し記しておきたい。一九六四年八月、アメリカのジョンソン政権はベトナム北部沖合のトンキン（バクボ）湾の公海上で、アメリカ海軍艦艇が北ベトナム側から相次いで攻撃されたと発表した。同政権は「報復」として北ベトナムを空爆するとともに、議会に対し東南アジア大陸部での軍事行動に関する行政府権限を大幅に拡大するよう求めた。議会はこれをほとんど満場一致で可決し（トンキン湾決議）、翌年以降の戦争本格化の道を開いた。契機とされた事故には不明の点が多く、真相は謎に包まれているという。

通訳のハンさん

ハノイに戻るバスの中で、通訳のハンさんに訊いてみた。「枯れ葉剤のことをどう考えるか」と。彼女は「もっとひどい状況の子どもたちを見ている」と言いながら「こういう状況は自分の家だけではない」と言った父親の言葉に感動した、と言う。ちょっと優等生的な返事だな、と私は思った。

ハンさんはハノイ大学を出て大成建設に一年勤め、その後、今のプレスセンターに勤めたという。ベトナムではエリートと言えるだろう。両親は教師で、一九七二年、ハノイで生まれた。ちょうど今年で三〇歳。私の息子と同い年である。息子の方は今年やっと結婚したが、彼女はすでに結婚をしており子どももいるという。「中越戦争のことは、覚えている」と言ったが、両親から教えられたということだろう。そんな会話を重ねながら、私たちはハノイへと向かう。

ハンさんが知っていると言った中越戦争とは、ポル・ポト政権を打倒したベトナムに対し、一九七二年二月一七日、中国軍二〇万（ベトナムの主張では六〇万）が「懲罰」と称して軍事侵攻、ベトナムの地方軍やゲリラとの間で約一ヶ月続いた戦闘。侵攻直前、鄧小平はアメリカと日本を相次いで訪問し、ベトナムを「制裁」すると示唆、暗黙の了解をとりつけた格好となった。中国は「自衛反撃」を唱えていたが、人海戦術によりベトナム領内深く侵入してランソンなど四つの北部国境省都と三二〇以上の町村を徹底的に破壊した。ベトナムは漢宗元明など侵略を繰り返した中国王朝の列に中華人民共和国もついに加わったと受け止めた。中国側は「目的を達した」として撤退宣言、一方ベトナム側も勝利宣言した。一九八〇年代半ばまで断続的に和平交渉が行われたが、国境では散発的に武力衝突が続いた。前年のベトナムからの華僑の大量脱出で危機的状況となっていた両国関係の悪化はこの戦争で頂点に達したといえる。カンボジアでの戦争と合わせ、第三次インドシナ戦争と呼ばれる。(『ベトナムの事典』参照)

ホアビン村へ六度目の訪問

翌日、私たちは枯れ葉剤被害児童施設ホアビン村を訪問した。一九九五年に初めて訪れて以来、六度目の訪問になる。そのたびに顔を合わせる子どもたちは、それなりの成長を遂げている。スタッフの顔ぶれも変わっている。今回は、長年顔なじみであった村長のヒェン先生が引退をされて、彼女より少し若い女医さんが村長となっていた。彼女もドクターで、小児科の医者だという。毎回、村長さんからはこの平和村のリハビリについての説明を受ける。

私にとっては繰り返しになるが、この村の歴史や資金の流れ、村の「マーク」の説明など一通りの説明があった。マークの布地に多くのサインがされていた。おそらくここを訪れた人たちが残したものだろう。現在の村のスタッフは二五人おり、ドクター五人、機能回復訓練士五人、教師四人、調理師三人、事務員一人、警備三人、会計士一人だという。

懇談の中で新しい村長さんが話してくれた。

「現在八二人が入所しているが、八五％が枯れ葉剤の後遺症で、知恵遅れです。年齢は六歳から一六歳までで、一六歳になると、働く能力のある者は職業訓練所に移って、布、網など縫製の製品を造っている。重症の子どものなかにはここで亡くなってしまうこともあります。家族全員が障害者だったり、二六歳になっても治らない人たちの場合は、ここにいてもらうことになる。入所の基準は、一九七〇年以前に枯れ葉剤がまかれたところで働き、その後、その人たちから生まれた子（これは、もちろん調査を行って決める）、両親の働いた場所によってその両親が表彰されたりしている場合、入所の順位を決める際の参考になっています」

村長さんは、二〇〇一年九月に日本へ来たことがあるとのことだった。そのときは、名古屋、仙台、東京などのリハビリ・医療施設を見学したのだという。

［2002年2月20日］ホアビン村にて
ピンさん14歳とクエンさん16歳

先生の案内で施設の中を見学する。正月休みの子どもたちも、わざわざ出てきてくれている。一六歳、一四歳の姉妹、歌のうまい彼女たちの姿もあった。彼女たちは先生の指導で刺繍をしていた。何度目の「再会」といったらいいのだろう。

掲げられていた「アメリカ独立宣言」

翌日、私たちは戦争証跡博物館の見学に行った。

ここの見学も六回目になり、私にとっては繰り返しの部分もあったが、これまであまり触れられなかった説明を紹介しよう。案内役のダンさんの話の一部である。

「ベトナムは一八五八年から一九五四年までの間、フランスからの侵略を受けました。そして、一九五五年から一九七五年までのアメリカの侵略がこれにつづき、この間に、一九四五年九月二日から本当に短い間ではあったが平和な時期がありました。その時の独立宣言はすばらしいものです。『我々ベトナム人民は、世界へ訴える。ベトナムは、自由な独立の国である。それを守るため物質的にも精神的にも心を捧げる』となっています」

ダンさんは一九四五年までの日本の侵略についても説明した。

「一九四〇年九月、日本軍は中国南部からベトナムに侵攻し、四一年七月サイゴンに入る。そして、『フランス軍追放』を口実に、フランス植民地支配を押しのけてベトナムを支配しようとしたのです。一九四五年八月時点の日本軍は七万の軍隊、三個師団を有していました。一九四二年～一九四四年の間、日本軍は耕地面積を減らして物資輸送用の布材として麻の栽培をベトナム人民に強制した。ちょうどこの時期、ベトナムは台風の連続襲来による不作などで、一九四四年末から一九四五年にかけて、ベトナム北部、北中部を飢餓が襲いました。その結果、二〇〇万人の餓死者が出たのです」

「戦後賠償について、日本政府は一九五九年になって南の傀儡政権とだけ交渉し、三〇万人分の賠償をした。二〇〇万人という数字を今でも認めていないのです」

次の部屋の入口のすぐ近くには、一七七六年のアメリカ独立宣言が掲げられていた。そこには「何人も幸福と自由になる権利を持っている」と書かれている。ここにこうした宣言が掲げられている意味は大きいと思った。ダンさんたちベトナム人からすれば、アメリカ人がもっている権利がどうしてベトナム人に認められないのか、どうしてあなた方はそれを踏みにじる行為を行ったのか、と思うのは当然ではないか。

投下された枯れ葉剤の分量

アメリカが投下した枯れ葉剤は、地域別、投下回数別に、何回にもわたって投下されたが、その投下総量、投下面積を表した地図が掲示されていた。それによれば、一回投下（累積枯れ葉剤消費量三一、五七二、〇〇〇リットル、投下面積一、一二五、〇〇〇㎡）、二〜三回投下（同三三一、八四三、〇〇〇リットル、同五一八、〇〇〇㎡）、複数回投下（同七、九三八、〇〇〇リットル、同六七、〇〇〇㎡）となっている。

最も多量の枯れ葉剤が投下された地域はドンナイ、ビンズオン、フオクロン、タイニンの各省で、枯れ葉剤消費量三七、四八二、〇〇〇リットル、一回以上の投下面積八八五、〇〇〇㎡に及び、南ベトナム全域では七〇、七二〇、〇〇〇リットルの枯れ葉剤消費量、投下面積は一、六七〇、〇〇〇㎡とも言われている（レ・カオ・ダイ医学博士のデータ）。北ベトナム、カンボジア、ラオス等を含めると、その数は、七二、三一七、〇〇〇リットル。なお展示されているデータを年度ごとに見れば、次のとおりである。

1962年……………65,000lit
1963年……………283,000lit
1964年……………1,066,000lit
1965年……………2,516,000lit

1966年……………9,599,000lit
1967年……………19,394,000lit
1968年……………19,264,000lit
1969年……………17,257,000lit
1970年……………2,873,000lit
合　計　72,317,000lit

展示室をまわる。「ホルマリン漬けの子どもたち」「黒腫が拡大する若者の腕」「成長しない手足の青年」「骨と皮のすべてを食いちぎる子」。これらの展示物は、何度目にしても心が痛む。ベトナム戦争をカメラで告発し続けた人々の作品も並ぶ。そして、戦場の中の子どもたちの笑顔を追って『ちょっとピンぼけ』を著した、あのロバート・キャパの作品も並ぶ。一九五四年五月、キャパは休暇で日本に来ていたが、アメリカの「ライフ」社から要請されてベトナムの紅河デルタ地区に入った。そして、道端の草原に出て行き地雷をふみ生命を落とした。

8　リハビリ医療施設落成式に参加して

〔第八回訪問（二〇〇三年二月一七日～二月二三日）〕

一九九五年から続いているベトナム訪問も私にとっては今回で八度目。枯れ葉剤被害児童の「リハビリ医療施設」落成式とあわせて被害児童の家庭訪問が目的である。団長は鈴木博氏（自治労静岡県職組合委員長）、総勢一四名の団である。受け入れはホーチミン共産主義青年同盟。対応は兄弟組織のシデコ（国際青年協力開発センター）。

訪問先は、クチの地下トンネル、統一会堂、戦争証跡博物館、ゴ・ブァップ児童育成支援センター、ホーチミン共産主義青年同盟、青年団日本語学校、労働省人材学校、以上ホーチミン市。枯れ葉剤被害児童の「リハビリ医療施設」落成式に参加、枯れ葉剤被害児童家庭訪問、以上タイビン省。ホーチミン廟、革命博物館、以上ハノイ市。

あいにく博物館は修理中だったが

戦争証跡博物館はあいにく補修中だったが、見学可能のところを見ることになった。ルオン先生が紹介してくれた枯れ葉剤に関するさまざまなデータ・展示はつぎのようなものであった。ルオン先生はアメリカによる北爆当時は子どもだったので、あまり怖い記憶はないという。ルオン先生は二〇〇二年までホーチミン市青年連合外国言語情報学校の校長として、青年団日本語学部を担当しておられた。今は四〇〇人の大学生と一三人の先生を擁する「ホーチミンあけぼの日本語学校」の校長である。

以下は博物館に展示されていたものである。

①一九六五年から一九七二年の期間中、一ヵ月あたり何機の戦闘機で、どの位の爆弾を、どこの地域（北部、中部、南部と三地域）に落とすかなどのアメリカ軍の作戦計画表。

②一九六五年～一九七二年の期間中、南北に実際に落とされた爆弾の量に関する展示。

③一九六五年～一九七二年の期間中、米空軍が爆弾を落としたことによって影響を受けたベトナム側の被害が交通、軍隊、経済、人民の数などに分けて表示。

④一九四五年～一九五四年の期間中、当時ベトナムはフランスの占領下にあったが、その期間中、アメリカからフランスへ援助物資として渡された戦車、戦闘機、船、車、鉄砲、ヤリなど武器とその量の一覧表。一九五四年以降、南ベトナムはアメリカの占領下に入りそれが一九七五年まで続く。

⑤別の棟には枯れ葉剤による被害の写真が一二枚貼り出されている。細く痩せ細った下半身、眠るように目を閉じている水疱症の子、その姿は目を背けたくなるほど痛々しい。

⑥一九六二年～一九七〇年に撒かれた枯れ葉剤の量は、七二、三一七、〇〇〇リットルに及ぶ。このうち一番毒性の強い「オレンジ」は四、四三〇万リットルになる。毒性の強度によって「ホワイト」「ブルー」と表記される。

⑦撒かれた地域は二二地域に広がる。一番多く撒かれた地域は、南ベトナムの「ザライ・コンツム」というところだ。地域の総面積に対する撒かれた地域の比率表。

⑧二瓶のホルマリン漬けにされた「頭が二つで胸から下がくっついている遺体」「頭の大きい水疱症の子」は、昨年までと変わらず部屋の片隅に静かに置かれていた。

⑨展示室の最後に「戦争は終わり二三年たちましたが、枯れ葉剤により影響を受けた子どもたち、残った爆弾により被害を受けた人たち、子どもを持つことができない父母が残っています」との表記があった。

ゴ・ブァップ児童育成支援センター

ホーチミン市にあるゴ・ブァップ児童育成支援センターを訪ねた。所長のタオさんが説明してくれた。

「このセンターは労働局の管轄下にあります。生徒数は一七四人、そのうち一二〇人が病気になっている。脳が正常ではなく、目が見えない子、耳、手、足が障害の子、口もきけない子もいます。〇歳から一六歳の子どもたちがいます。年齢によって、幼児はここで、小学生は外で勉強している。身体の障害は、遺伝性のもの、枯れ葉剤が原因のものもいる。ここは、国の教育の一環として作られているのです。入所している子どもたちは、母親が、あまりにも異常なので怖くて捨ててしまうということもあり、そういう子どもが病院から送られてくる。また、街で捨てられた子どももいる。重い病気がある場合、一六歳を過ぎたら、国からの援助ではなく、各種団体の資金で二二歳までいる子もいる。スタッフは九一人、うち医者一人、看護婦が五人一日中いる。病気が悪化した場合には、市内の病院を使うこともあります」

センターを紹介するパンフレットにはこう書かれていた。

「一九七六年、子どものやさしさ憲章の第四章の名のもとにゴ・ブァップ孤児院は認められ、一九九五年九月にゴ・ブァップ児童育成支援センターと名称が改められ、新生児から一七歳までの病院並びに省労働者社会福祉局より委託された孤児を受け入れ、育成し、監督し、教育する責任のもとに活動をしている。孤児たちの多くは、各種の疾病を持ち、脳障害をかかえている」

リハビリ医療施設落成式に参加

タイビン省リハビリ医療施設落成式に参加した。トラン・ダン・ルー所長から予算の執行状況について説明があった。

「日本とベトナム政府、共産青年同盟のご支援をいただき、このリハビリ医療施設が出来上がって六ヵ月がたちましたが、支援を受けた費用の支出状況は以下のとおりです。スタッフは、医者一人、技師二人、看護婦二人、その他のサービスに二人と考えています。一回につき二〇人の子どもたちを二四ヵ月で治療する体制を立てました。そのための支出は、まずスタッフの給料として、医者七〇万ドン、技師六〇万ドン×二人＝一二〇万ドン、看護婦五〇万ドン×二人＝一〇〇万ドン、サービス五〇万ドンで、一ヵ月三四〇万ドンです。また、子どもにかかる二〇人分の費用は、一ヵ月に食料五〇〇万ドン、薬一〇〇万ドン、衣料三〇万ドン、電気・水道八〇万ドン、その他九〇万ドンで合計八〇〇万ドンです。

ワーキングプランは、第一期が三ヵ月間で、これは新しい環境に子どもたちが慣れるようにガイダンス・テストの期間となります。第二期は四ヵ月目から一七ヵ月目までで、回復のためのリハビリ、教育などを行っていきます。第三期は一八ヶ月目から二四ヵ月目までで、能力のある子どもたちの育成ということでできる仕事なども教えます。計画が成功するように、政府からは一人の子どもに一〇万ドンの援助があります。今後は皆さんからも援助を受ける形でやっていきたいと思います。六ヵ月の工事が終わりました。大きな施設ではありませんが、特徴は、枯れ葉剤児童のための設備があるということで、その意味は大変大きいものです」

つづいてシデコ副局長のディエン・クァン・フオン氏から挨拶があった。

「タイビン省は、ベトナムの中でも大変な戦争の影響、特に枯れ葉剤の影響を受けたところ。タイビン省全体で一万人、一六歳以下の子どもたちは一、〇〇〇人以上がおります。人民委員会は、戦争の影響を受けた人たちのことはよくわかっております。困難はたくさんありましたが、こういう治療センターはあまりないので、なんとか頑張ってきたのです。日本のＪＶＰＦが八万ドルの寄付を集めてくれました。そのほかいろいろな機関からの援助を得てここまでたどり着くことができました」

つづいて共産青年同盟タイビン支部のグエン・ティエン・タン氏から歓迎と感謝の言葉が贈られ、日本側を代表して鈴木団長からはこの施設がリハビリ機能ばかりでなくアンサンブルコンサートなど、将来、さまざまな方面へ活動が発展していくことへの期待が述べられた。

タイビン省人民会議委員会議長ボイ・ティエン・ズン氏は、「フランス、アメリカとの二つの戦争では、独立のために多くの若者たちが参加をせざるを得なくなり、戦争に参加したが、その中で計四万人の青年が犠牲になった」ことを紹介し、また、今後の施設の活動への期待を話した。また、「枯れ葉剤被害の影響は一、〇〇〇人の子どもたち」に出ていることを指摘した。

施設に機材はまだ

見学した施設には、まだ一つも機材が入っていない。予算がそこまで間に合わなかったということであろう。「外枠を作ることが第一段階だった。設備は第二段階に……」とのこと。

子どもたちの部屋は一階と二階にそれぞれ二つずつあり、一部屋三人の子どもたちが使う予定だ。そのほかに、治療室、共通の部屋、教室、スタッフの部屋などが並ぶ。奇しくもこの施設の隣に立派な二階建ての建物が見える。聞くと「それは、ベトナムと韓国の合弁で建設されている老人ホーム」だとのこと。「子どもたちの受け入れは二月末の予定。政府と地域の人たちが資金を集めて子どもたちを受け入れるようにしたい」とルー所長は希望を語った。しかし「ここは貧しい子どもたちや老人を含めた施設で、二月末の入所までには二万ドルの金がかかる。だから、場合によっては、JVPFからの金が入ってから子どもたちを受け入れることになるかもしれません。そうなれば今年の末になる。施設内の設備は先に手を打てるが、重度の子どもたちを受け入れるにはその金額がないと困難なのです」

まだまだ私たちの活動は緒についたばかりだと痛感させられた。

家庭訪問――「目」はどこに？

フ・チィンという名の地域に入った。ここは人口八、〇〇〇人のうち枯れ葉剤の影響を受けている人は、大人、子どもあわせて五〇人はいるという地域だ。この辺一帯は、郊外なので農家が多い。コメ、野菜、花などが作られているという。夫が仕事に出て留守で、三人の子どもと一緒に私たちを迎えてくれたのは、母親でグェン・ティ・ヒエンさん（五〇歳）といった。彼女自身は「枯れ葉剤を受けてはいない」という。以下は彼女の話である。

「六〇歳になる夫は中部タイニン省で枯れ葉剤を受けました。力はあまり出ないようだけど、何とか仕事はできる状態です。枯れ葉剤によって知的能力に影響があったと思われるのです。他人の家の農業の手伝いに行っている。現在四人の子どもがいます。女二〇歳、女一二歳、八歳の双子の男の子。七回妊娠したが三回流産してやっと生まれた子が今二〇歳の子。この子は学校に行っているがやっぱり目が悪い。そして一二歳の女の子。ハン・ティ・ショトちゃん。やっぱり目が見えない。だけど歌は唄える。治療はしていません」

八歳の双子の男の子はフオン君とダイ君。彼らにはほとんど「目」の部分がない。双子で同じセーターを着ていたので、どちらの子か判別ができない。子どもたちは全員が目に障害が現れたのだが、二〇歳と一二歳のお姉ちゃんたちは、少なくとも「目」はあるのだ。後から生まれてきた子ほど障害の度合いが重いと思われた。

「政府がやってくれたことは夫にできる仕事を紹介してくれたこと。子どもには一ヵ月一〇万ドン、一人分だけ援助してくれる。この地域には枯れ葉剤の被害者がたくさんいるので、一人分だけだ。アメリカの米人教会（人道支援組織）からの援助もある。この家の隣に二階建ての家を建てる予定で、その途中なのですが資金が足りずストップしているのです」

ショトちゃんが唄ってくれた

[2003年2月21日] タイビン省「目」はどこに？　ショトさんと弟たち

彼女がいう「この家」は、一間に裸電球がぶら下がり煮炊き用の煉瓦を積み上げただけの家だった。ストーブにはヤカンと鍋が二つ、古くなった扇風機が隅に置かれていた。

「政府に要望することは」と訊くと「目の悪い子どもたちが生活できるようにしてほしい」

「不安に思っていることは」と訊くと「将来自分たちが年をとって子どもたちの面倒を見られなくなったら、彼らはどうなるのかということが一番心配だ。こういう子どもたちの治療施設がたくさんできるといいのですが……」

　縫いぐるみなどのお土産を受け取った子どもたちからの返礼は予想していないことだった。うれしいことだった。

　歌の上手な一二歳になるショトちゃんが唄ってくれた。通訳の説明によれば、歌の内容はつぎのようなものだった。

「私の目は全然何も見えないから、いつも暗くて闇の中に住んでいます。でも、一つの希望を持っています。それは学校へ行けることです。なぜなら、学校で、先生の教えを聞いて、心は明るくなるような感じがあるからです。先生の教えのおかげで、周りの世界のことを見えるような感じがし、自分の希望と期待がふくらみます。だから学校では、勉強を一生懸命頑張ります。将来、何かができるように頑張ります」

アメリカで治療を受けたけれど

　タイビン省タイビン市のムアン・ルック・カイン通り。次に訪れた家族の中に、あの懐かしい彼女の顔があった。彼女の名は、ムェン・ティア・トアさん。一九歳。初めてホアビン村で会ったとき、彼女は一二歳であった。肌に黒いアザのある彼女が足の短い子や、歩くことにも不自由な子の手助けをして、かいがいしくあの村で生活していたのを思い出す。また、ホーチミン市にある「戦争証跡博物館」に展示されている「枯れ葉剤被害児童」の写真でも知られている女性である。

　お母さんは働きに出ている（建築の仕事をしており、ずっとタイビンに住んでいたこともあり元気とのこと。私たちが帰るころになって帰宅され、共に写真には収まってもらった）ということで、お父さんと彼女から状況を伺う。

父親グェン・バン・タン氏四九歳。一九七五年入隊、戦場は中部タイニン省、その他カンボジアに一九七七年まで四年間おり、その折に枯れ葉剤を浴びている。ホーチミンルートのタイニン、カンボジアでは、枯れ葉剤の雨水が洪水のように空から降り直接身体に受けた。砲弾も受けたが、枯れ葉剤を直接受けただけではなく、枯れ葉剤が撒かれた土地の水を飲み、その土地で育った植物を食べた。ジャングルでの水なども飲んだりした。戦争が終わって、ずっと病気がちで、一年に二～三回マラリアにかかった。その結果、重労働ができない状況になった。仕事は運搬業。

つづいて一九歳になるトアさんが話してくれた。

「自分は三人の子どもの長女です。長男は心臓病のため七歳で亡くなった。自分自身は身体全体に黒いアザ（このアザは「肉腫」となって肥大化するようで、彼女の場合には、顔にもあり、背中の「肉腫」も二〇〇一年二月の時より大きくなっていた）ができる病気で、それがだんだん大きくなっていたが、アメリカに行って治してもらったのです。政府の援助でホアビン村で生活していた時に、アメリカの医者が訪れて約束してくれ、二〇〇一年六月から一二月までアメリカで治療を受けました。しかしあまり成果はなかったようです。黒い部分は今もまだ痒いのです。勉強は、ホアビン村を出てから医科大学に入り英語を学んでいます。英語は四ヵ月間のA級を終えてB級に進むところ。医学の勉強をやろうと思ったのは、他の人にも治療をしてあげたいし、多くの人たちに枯れ葉剤のことを理解してもらいたいと思うからです。一番下の弟は八歳になります。身長は一メートルくらいと小さく、胃や腸の病気になりやすく下痢などを繰り返しているんです。学校は遅れがちでようやく一年生になったところです」

彼女は最後に「枯れ葉剤について、みなさんに本当に理解してもらいたい」とつぶやくように繰り返した。

彼女の願いは、これからの私たちに課せられた大きな課題そのものと思った。

ハノイへの帰途、通訳のミンさんは「障害の子を見るのは初めてではないけど、可哀想ですねえ。自分は結婚し妻は妊娠しています。この四月が出産予定なんです」と言っていた。思い出すものがあったのだろう。表情は心なしか暗かった。

9 とうとうリハビリ医療施設が開所した

〔第九回訪問（二〇〇四年二月一五日〜二月二二日）〕

今回の団はタイビン・リハビリ医療施設の開所式という記念行事が組まれていることもあり、村山富市ＪＶＰＦ日本ベトナム平和友好連絡会議会長の訪問団（五人）を軸に、ＩＦＣＣ訪問団（五人）、静岡県職員グループ（一四人）、大館市民グループ（一〇人）、さぬき市平和の旅グループ（一一人）の合計四五人に及ぶ団の構成となった。受け入れは「ホーチミン共産主義青年同盟」及び「越日友好協会」である。

訪問先は、リハビリ医療施設開所式参加、タイビン省。ホーチミン廟、革命博物館、ホアビン村、以上ハノイ市。ストリートチルドレンのためのオープンハウス、クチの地下トンネル、戦争証跡博物館、以上ホーチミン市。

リハビリ医療施設開所式

その日私たちはタイビン省リハビリ医療施設開所式に出席した。その施設はＪＶＰＦとベトナム政府及び共産青年同盟のプロジェクトでき上がったものである。

所長さんが報告した。

「施設の経費は八万ドル（施設建設に六万ドル、医療機器類に二万ドル）かかりました。建設中は気候も悪く経費もかかったが、私たちの努力も実って大きな成果があがったと考えています。この施設は二階建ての建物で、敷地面積は三三四・七八立方メートル、子どもたちのためには七つの部屋ができ、台所、食堂、文化のための部屋、スタッフのための部屋もできました。最初の予算は八億六〇〇万ドンでしたが、結果的にはトータルで九億二、八〇〇万ドンになってしまいました。子どもたちの栄養面や機能回復は、昨年の一〇月からプロジェクトが機能し始め、枯れ葉剤被害児童が一九人入り、これから回復訓練を行うところです。そのためにも政府と協力して頑張っていきたいと思う。現在政府からは子どもたちに一人月一五万ドンが栄養費として支出されている。

今後の問題としては、建設費用が最初の予算より一億ドンほどオーバーしてしまったので穴埋めをしなくてはいけません。なんとか援助の継続をお願いしたい。機能回復の機器もまだまだ不足しているので、この面での援助も継続してほしい。栄養面についてはベトナム政府にも援助をお願いしようと思っています」

村山富市団長の報告

これに応えて村山富市団長が報告をした。

「二〇〇二年二月一九日にベトナムを訪れた時は、一九九四年の総理大臣時代から七年ぶりの訪問だった。その時は、ベトナムの人たちが、国造りに努力している姿に感動しました。それから二年振りに再び訪問することができ、この開所式に参加ができたことは二重の喜びです。このたびのプロジェクトは、ＪＶＰＦが手がけた初めての大きなものです。一九九六年以来、ＩＦＣＣとベトナム共産青年同盟とが協力して、枯れ葉剤被害児童チャリティ・コンサートを取り組み、その結果として実を結んだものです。本当に、今日ここに開所式を迎えられたことを皆さんと共に喜び合いたいと思います。八年間にわたり努力されてきたタンロン劇団の皆さんにも特別に感謝の気持ちを送りたい。（タンロン劇団は一九九八年にベトナム文化省から「優秀賞」を与えられた劇団で、ベトナム国内でもチャリティで枯れ葉剤障害者の支援を行っている。「枯れ葉剤被害児童支援のチャリティ・コンサート」を一九九五年から日本でも行っている。ハノイにある「ベトナム民族アンサンブル」の劇団の名前）

枯れ葉剤は、それを受けた本人たちだけでなく、彼らの子孫まで絶やす非人道的なものです。この施設に来る人はほんの一部の人たちかもしれませんが、彼らはまさに『平和のための生き証人』といえるでしょう。これを風化させてはなりません。ＪＶＰＦの活動は、平和を築くためのものでなくてはいけない。こうした活動こそが、日本とベトナム、アジア諸国と日本の関係をより強くしていくものと信じています。二〇〇五年はベトナム統一から三〇年を迎える記念の年。勤勉さにおいて、ベトナム人はアジアの中でも高い評価を得ています。手を携え、二〇〇五年の友好事業を成功させましょう」

ホーチミン共産青年同盟のタイ氏が、このリハビリ医療施設を有効に使用していく決意を述べ、つづいて人民委員会議長が挨拶した。

「アメリカとの戦争の中でたくさんの人たちが戦場に行き、多くの被害を受けその後遺症に苦しんでいる。死者五〇、〇〇〇人、戻ってきた人でも四〇、〇〇〇人の人が自由に動けない人ばかりだ。そのうち枯れ葉剤を受けた人が二〇、〇〇〇人。そのうち四、〇〇〇人が一六歳以下の子どもたちです。タイビン省は貧乏な省で、主たる産業は農業です。タイビン省の予算を枯れ葉剤被害対策にできるだけ振り分け、被災者を支援していきたいと思っているけれど、生産性の低い農業ではなかなかうまくはいかないのです。一九九四年に、村山さんが総理としてベトナムを訪れて以降、ベトナムと日本の関係は発展しています。今日の開所式に出席してくれて本当にありがとう。村山さんも長生きして活動を続けてほしい」

私たちからのお土産

このあと、私たちから支援金とお土産が渡された。

ちなみに、私たちは訪問先によってそれぞれお土産を工夫して用意していた。施設には子どもたちみんなが利用できる文房具や衣類を用意し、施設全体には日本特有の浮世絵やカレンダーなどを贈呈した。さらに、個人の家庭を訪問する場合は、玩具やお菓子など。場合によっては毛布なども含め、一軒に二〇万ドンくらいのお金などを用意した。これらの資金はその年のチャリティで得られた収益金を当てた。

支援金などを贈呈したあと、施設内の見学となった。子ども部屋は四隅にベッドが配置されていた。

今日のために急きょ子どもたちが集められたのでは、という感もしないではなかったが、まずは最初の部屋である。ここには女性の入所者が一人。歳を聞くと二二歳とのこと。次の部屋には男性の入所者が一人。彼は一八歳だという。また次の部屋では母親と共にベッドに腰かけている男子の入所児がいた。いずれも身の回りのものはボストンバッグに入れたままだった。

別の部屋にはドクターと思われる女性が三人、ほんのちょっぴり置かれている薬の棚を背にしてカメラに収まってもらった。まだ回復治療用の機器は入っていない。食堂と思われる部屋には丸いテーブルと椅子が何脚か置かれてはいた。まだ何にも使われていない部屋もあった。

開所式が始まってから、私には気になっていることがあった。それは昨年事業報告をしたルー所長の姿が見えないことだった。新所長に交代したのだろうが、その後の彼はどうしたのだろうと思いながら施設見学を終えたとき、その彼が現れた。私たちは一年ぶりの再会を喜び合った。訊いてみると、彼は一三年間勤めたここをすでに退職して、子ども五人、孫七人と優雅な生活を送っているということだった。笑顔の記念撮影。

一二年になるホアビン村の歴史

つぎに私たちはハノイのホアビン村を訪ねた。今年で七回目の訪問になる。子どもたちの入退所が進んでいるのか、今回はあまり知った顔がないのが残念だった。しかしこれは、「良くなって退所した」というよい面と「悪くなって退所した」という悪い面の両方を考えさせられる事実でもある。

村長さんを兼ねている小児科の女医さんを囲んで懇談することになった。鎌田団長がいろいろと話しかける。女医の先生は二〇〇一年三月から、以前のヒエン先生にかわって勤務している。若く小柄なフン先生はニコニコと気軽に応えてくれた。

――今年はリハビリ医療施設が完了した記念の年なのでそのセレモニーがあり、私たちもそれに参加してきたのです。

「テレビで見ました。日本国民は私たちを大変応援してくれています。特にこのホアビン村にはよくしてくれています。ベトナムの貧乏に比べて日本はまだ恵まれているように見えるので、私たちは期待しているのです」

――私たちがタイビン省に施設を造り始めたのはホアビン村に来たのがはじまりでした。ですから、いつもここに戻ってくるのです。

「ホアビン村の歴史は一二年間になりますね。この歴史は、海外の団体、特に日本の団体の援助と切っても切り離せません」

ベトナムには余裕がない

――子どもたちは、正月休みからもう戻っているのですか。

「はい、そうです。もうほとんどの子どもが戻っています。いま、ちょうど昼寝の時間が終わったところですね。子どもたちは障害児ですから昼寝の時間はとくに大事なのです。現在は九〇人、二歳から二〇歳までの子が在籍しています。思うように身体を動かせられない子どもがほとんど。脳や神経が壊されている子ども、手足などに障害が出ている子どももいる。最近の医学的研究の結果、枯れ葉剤の影響は二世代、三世代、四世代と続いていることが分かっています。恐ろしいことです」

――それには医学的専門家が必要でしょう。

「たしかにそうですが、そこは先進国とは事情が異なっています。先進国では医者は一つの専門分野を深く学ぶことが可能ですが、ベトナムにはその余裕がありません。ベトナムでは、七年間の履修期間のうち五年間は一般的な医療を勉強し、残りの二年間は専門的に深く学ぶ。現在、医者は三人増えて七人になりました。七人の医者の専門分野は、小児科、内科、外科、耳鼻咽喉科、機能回復、循環器科（二人）、その他にレントゲン技師の先生もいます。そのほかに介護士が一〇人いる。その人たちが手伝うこのセンターは、大きな病院と連携して子どもを見ています」

――ここから病院に通院している子どもはいるのですか。

「あまりいませんが、症状によってはここから大病院に連れて行って治療をすることはあります。二〇人くらいですが自分の家から通所している子もいるのです」

――トレーニングや技術修得のための施設はどうなっているのですか。

「センターを出てから勤められる会社を積極的に捜している。仕事はハンカチのミシンかけ、刺繍、ビーズでの腕輪作り、石の置物造りなどがあります。私は、ここに来る以前はハイバン中央病院の副所長をしていました」

懸命にがんばる子どもたち

この後、施設内の見学となった。

①耳鼻科：ここにはドクターと二人の介護士がおられた。

②循環器系統：ここには、心電図用の機器、電気マッサージ器などがある。

③レントゲン室：赤外線、牽引などの機器もある。「最近は政府からの援助があまりない」とちょ

っぴり不満も言われていた。
④心筋をつける機器（電気ショック）も並んでいる。
⑤子どもたちのリハビリ室：先生に足の力をつけてもらっている子、鎌田団長に握手を求めてくる子、自転車をこいで脚力をつけている子、様々な訓練の中に、大きな子どもでは一五歳の子もいる。
⑥血液検査室：そこには、顕微鏡、遠心分離機も並ぶ。
⑦耳の聞こえない子：彼は一四歳。入所一年目、脳に問題があり、徘徊もある。
⑧文字を勉強している子どもたち：程度によって分けているのか、初めの部屋には小学校レベルの勉強をしている八人の子どもたちがいた。
ここで一日のスケジュールを伺った。

六時…起床、体操、六時一五分〜七時…働く（室内の清掃）、七時〜七時三〇分…朝食、七時三〇分〜一一時…勉強、一一時一五分〜一一時四五分…昼食、一一時四五分〜一三時四五分…昼寝、一四時〜一六時三〇分…勉強、一六時三〇分〜一七時…夕食、一七時〜一八時三〇分…休憩、一八時三〇分〜一九時四五分…練習、一九時四五分〜二一時…テレビの時間、二一時…就寝。
⑨中学の勉強をしている子どもたち：一六人の子どもたちがいるのだが、今日は二人が休み。そこには一九九七年、そして九九年に顔を合わせていた兄弟の弟がいた。兄弟とも足に異状（足首が逆向き）があり、矯正靴を履き、笑顔で対応してくれた四年前の弟、そして兄。しかし今日の弟には笑顔がない。私の思い違いではないとしたら、彼の背中には大きな瘤でもできている様子。兄の存在を聞くと「もっと大変になったので家に帰った」という。ある程度自らが訓練に参加でき、そして快方へ向かって行く中で退所していくのなら喜ばしいことだが、そうでないとしたらとっても悲

しいことだ。そのことを感じるから、彼の顔も暗いのだろう。

⑩もう少し大きな女の子たちは、不自由な手の動きの中で、ハンカチに一生懸命に刺繡をしていた。

⑪一七歳から一八歳の男女が、男の先生のもとで、型紙に沿って説明を受け、ミシンをかける練習をしていた。

⑫ビーズで紐を作る四人の子たち：脳障害を持つ子（一一歳）、左右の手があまり自由でない子、右手の握力が弱く上に上げられない子、彼らは机の上に置かれた折りたたみ式の椅子を利用し、それぞれの子どものペースで、一生懸命手を動かしている。「こういう作業は、リハビリのために良い」ということだ。

⑬石の置物作りに励む子：ここには、「この仕事は以前からやっているので好きです」（一七歳）、「生まれつき足はない。義足である。しかしサッカーもやる」（一四歳）という子を含めて三人が頑張っている。他の子たちがみんな裸足なのに、靴下を履いているこの一四歳の子は、一九九九年の一月に訪れた時に「右足は膝までしかない。左足は足首から下が逆向きで、しかも正常に育っていなかった」子ではないかと瞬間的に思ったが、帰国して調べてみると、やっぱり彼であった。「彼の弟は足も手も無く、両親も離婚してしまっている」と言っていた。だんだんと思春期を迎えつつ、自らの「痛み」を自覚すればするほど、あどけなく幼かった彼の顔が、憂いに満ちたものになってきているのだろうと、私自身の心も痛む。

子どもたちも思春期を迎える

ここで外科の男のドクターを囲んで団長との対話となった。

――施設がだんだん良くなってきているのはうれしいですね。

「たしかにうれしいことです。でも、障害の子どもたちを手助けするには、まだまだ足りないです」

――大阪のある施設が寄付をしたとの話を聞いていますが。

「現在も日越友好でやっています。東京の病院で治療をしている子どももいます」

――実際に目で見て初めて理解できると思うのです。ですから、これからもここの実情を日本の人々に紹介していきたいと思っています。そして、ここへ足を運ぶようにしたいので、受け入れの体制もお願いしたいと思います。

［2004年2月17日］ホアビン村のフン先生

「皆さんがこのセンターを訪れてくれることは、自分を大きく奮い立たせてくれます。これからも頑張りたい。ここは、子どもたちの残っている機能を回復させ、社会へ出してあげるところです。日本の政府と皆さんに感謝申し上げると同時にこれからも援助をお願いしたい。もっともっと日本が発展して、こういうセンターを手伝って下さるよう願っています」

10 ただ今、リハビリ訓練中――「南部解放・国家統一」三〇周年の年に

〔第一〇回訪問（二〇〇五年四月二八日〜五月三日）〕

二〇〇五年は「ベトナム南部解放・統一」三〇周年にあたる。私が初めて訪越したのが「一〇周年」の年だったから、個人的には「訪越一〇周年」でもある。そのため大きな訪問団が組織された。私たちのＪＶＰＦ日本ベトナム平和友好連絡会議の基本グループ（一七名）を含め、鹿児島グループ（一〇名）、大館市民グループ（六名）、合計四三名の団である。受け入れは越日友好協会（ホアン会長、ロイ副会長、ニャン事務局長）。基本グループは四班に分けられ、私は六人組の三班に所属。基本グループの団長は松浦正美氏（ＪＶＰＦ副会長）。「三〇周年」の式典には団長のみの参加となり、他はホテルのテレビで見た。

訪問先は、解放軍司令部跡クチの地下トンネル、戦争証跡博物館、「ベトナム南部解放・統一」三〇周年式典、以上ホーチミン市。ホーチミン廟、ホーチミン博物館、フリータイムで「女性博物館」、以上ハノイ市。リハビリセンター（枯れ葉剤被害児のリハビリ医療施設）、枯れ葉剤被害児童家庭訪問、以上タイビン省。ハノイの越日友好協会。

何度見ても、痛々しく

一年前の一二月、この戦争証跡博物館を訪れた時「一二月までには完成させる」と現地の関係者は言

っていた。しかしそれはまだでき上がってはいなかった。そして翌日の「解放・統一」三〇周年記念式典にむけて、急ごしらえの展示作業が進められていた。それも一階フロアーだけである。何階まであるのか、二階以上はまだ開館もできないという。

慌ただしく準備が進められている会場内を、まずは、大まかに目を通していく。私たち基本グループの予定ではここの見学は翌日だったが、多分それができなくなるのではないかということから、この日の見学になった。私自身はどこに重点を置いて見るか、もし翌日も見学ができた場合に、見るべきものを判断するためである。

戦争の被害は多くの生命とこれからの子どもたちの生きる権利を奪った。CBU55B爆弾、地震爆弾、ボール爆弾、ナパーム弾などの爆弾の現物が展示されている。別の展示コーナーには、ベトナムの上空を大量のB52爆撃機が覆っている写真が展示されている。

枯れ葉剤は幾世代にもわたってベトナム人民の生きる運命を脅かしている。それを告発する展示は、いつ、何度見ても、痛々しく私の胸を打つ。「ホルマリン漬けの子どもたち」「黒腫に覆われた女性の肌」「異様に細い手足の男性」などだ。

一九六二年から一九七〇年の九年間にわたって散布された枯れ葉剤の量が、例年の数字と同じ七二、三一七、〇〇〇リットルとして表示されている。この一角では、翌日への準備が着々と進んでいた。黙々と仕事をこなしているベトナムの人々。私は彼らの仕事の邪魔にならないように、気をつけながら歩く。そして隙間を狙ってパネルにレンズを向ける。

あまりにも最初に見た部屋の数（一九九五年四月）とは異なるので、鎌田氏に訊くと「その部屋はまだそのままあるよ」と言う。確かに「5」のうたれた「ベトナム―戦争と平和」の部屋にはあのべト君・ドク君の姿も、またツー・ドゥー病院のコレクション室に展示されていたたくさんの「ホルマリン漬け」の子どもたちの姿も、日本人のカメラマン（石川文洋氏、中村吾郎氏）の手によって写されたものとして展示されていた。これらが一ヶ所に整理されて置かれるには、まだまだ日数が必要とのこと。

枯れ葉剤の実態は隅の方ではなく、ベトナム戦争を告発する事象の中心テーマとして展示されることが大事ではないかと、つい差し出がましいことを考えたのだが。

暑い日だったので水をのみながら博物館の玄関前で一休みしていた。ほっとして周りを見渡すと、私たちの団に参加している親子連れが見えた。お父さんに連れられたわが団最年少のM君がにこにこ笑っている。お父さんに甘えているようだ。べつの一角では両親と一緒に参加したわが班のアイドルSちゃんが、両親とは離れて一人ベンチに腰をかけていた。小学校六年生の彼女は、もらったここのパンフレットを熱心に読んでいる。これこそ生きた勉強だと思った。

二年間で四〇人、リハビリで回復

リハビリセンターを慰問した。

はじめに、タイビン省の労働・傷病兵・社会部の局長から説明があった。

「戦争・枯れ葉剤による被害者は多く二〇、〇〇〇人います。タイビン省は、政府と外国の皆さんの応援を得てここまで来ました。日本政府のODAで橋もでき感謝している。二〇、〇〇〇人という数は、数的には減っている。しかし重傷の人は、一九八〇年に診察した人で一、〇〇〇人が亡くなった。こうして減る一方で第三世代にも出てきています」

「二年間で四〇人がリハビリで回復しつつある。リハビリを希望する人は二、五〇〇人いるのですが、回復したいと考えてもできないのが現状です。二〇〇四年二月から一二月までに二〇人卒業し、今二〇人がリハビリを受けている。今はリハビリ後、何ができるのかを考えています。ＪＶＰＦで日本のプロジェクトを申請していると聞いていますが、どうなっているのでしょうか」

鎌田事務局長は「昨年度はうまく行かなかったが二〇〇五年度は大丈夫だと思います」と答えていた。

局長によれば「卒業した二〇人は、仕事についているのではなく、家庭で療養をしている」とのことだった。また、「残念ながら、アメリカに対する『枯れ葉剤被害者団体』による『損害賠償請求』訴訟は負けました。これについては、ベトナム政府は引き続きアメリカが『責任をきちんと取ることが大事だ』と考えています」と説明してくれた。

ただ今、リハビリ訓練中

昨年に比べると治療室の訓練用の機材は整ってきていた。歩行訓練用ベルト、歩行のための足の筋力づくり機、自転車のペダル漕ぎ機、歩行用手摺、赤外線、背中のマッサージ器、一生懸命訓練に励む若者たちの姿を追う。

・両手の指が固まっている女性

背中のマッサージをしている女性に声をかけた。ちょっと見ると「少しも悪いところがない」ように見える。しかしベルトを支える彼女の手は「指が固まっていた」。枯れ葉剤被害児童としてツー・ドゥー病院で目にした幼子の手とまったく同じである。彼女は二四歳、ブォン・ティ・トゥオンさんという。父親がクァンチで枯れ葉剤を受けている。母親は元気だし、四人の兄姉はみんな元気。彼女が一番下の子らしい。お父さんが枯れ葉剤を受けたあとの子どもということなのだろう。

・一人では立っていられない女性

歩行用手摺に摑まって歩を進めている女性がいた。彼女は二四歳、チャムさんという。問いかけると言葉が充分に話せないのか母親が寄ってきた。この母親がタイグェンで枯れ葉剤を受けたとのこと。父親は枯れ葉剤を受けていないが、子どもはこの子一人とのこと。妊娠しても正常に生まれなかったのかどうか通訳を介して聞いてはみたが、通訳自身が理解できずにその答は得られなかった。

・昨年もカメラに収まっていた青年

この青年とは昨年も会っている。通訳がいなかったので、目と目で気持ちを伝えあい彼の姿をカメラに収めただけであった。二五歳、ビエン君という。お父さんが軍隊に行っていて枯れ葉剤を受けたとのこと。お母さんは枯れ葉剤を受けてはいないが、三人兄姉のうち上の二人も自分と同じだという。

慌ただしく記念植樹・記念撮影をし、センターを離れた。そして、次の家庭訪問へと移った。

願いは雨漏りの修繕

その日は被害児童家庭訪問だ。訪れたのはタイビン省ブーツ県にある村だった。バスを降りて、しばらく畑の中の道を通っていくと、いくつかの家が立ち並ぶ一角にその家はあった。周囲の家と比べてあまり大きくはない。

彼女はイエンさん、二八歳。お父さんはファン・ミン・ウォンさん、五九歳。お母さんは五四歳。

彼女には下に二六歳になる弟がいるというが「遊びに行っている」ということで、この日は会えなかった。以下はお父さんのお話である。

イエンさんは脳膜炎を煩ったということだが、いまでも突然、症状が悪化する。弟は「二歳くらいから成長がストップし、足が短い」という。彼女も二歳くらいからこういう症状が出てきた。目は見えるし親の言うことは聞こえるが理解できない。それでも自分のこと（食事、排便など）はある程度できるという。

お父さんは、一九七四年、クァンチで枯れ葉剤に遭う。ラオスとクァンチ間の戦闘に加わった軍隊に所属していた。現在、身体の調子は、外観は大丈夫だが頭痛と背中の痛みがある。

［2005年5月2日］タイビン省
枯れ葉剤被害児童の家庭訪問を終えて

両親とも畑で働いているが生活はとっても苦しい。現在政府からの援助は、二〇〇二年から受け出したが、月に彼女が一六二、〇〇〇ドン、父親一七五、〇〇〇ドン、弟八五、〇〇〇ドン。具合が悪くなった時の医療費は無料だが、薬代に一〇、〇〇〇ドンはかかる。お父さんのいまの希望は、家の雨漏りを修繕したいということ。たしかにこの家の屋根には雨漏り対策にシートがかぶせてある。部屋もベッドのある部屋と台所だけの二間だった。

身体には大きな斑点が出てきていて、時には硬直もするので不安だと訴えていた。この「斑点」と「硬直」が娘さんなのか、父親なのか聞きもらしたが、お父さん自身だとすれば、生活の大黒柱を失う不安は相当のものだと思われた。斑点が黒腫に転化していくものだとすれば、治療費は今の額ではもちろん足りないだろう。

最後に、お父さん、お母さん、近所の人も含め、参加したわが団員とみんなで記念撮影をした。

11 「機能訓練室」で子どもの笑顔に救われる

〔第二回訪問（二〇〇六年二月一九日～二月二五日）〕

今回の団は、鎌田篤則団長（ＩＦＣＣ国際友好文化センター事務局長、ＪＶＰＦ日本ベトナム平和友好連絡会議副理事長）以下七名の旅である。受け入れは昨年同様、越日友好協会。ベトナム内ではベトナムプレスも同行して「リハビリ医療施設」を宣伝するという。

訪問先は、枯れ葉剤被害児童リハビリ医療施設、枯れ葉剤被害児童の家庭訪問、以上タイビン省。ベトナム友好連合委員会（ここでは団長の鎌田氏に「平和勲章」が授与される）、ホーチミン廟、バーヴィ少数民族高等学校（昨年からスタートした制度で二〇〇五年二三人、二〇〇六年二〇人、奨学金授与）、枯れ葉剤被害者協会、以上ハノイ市。解放軍司令部跡クチの地下トンネル、戦争証跡博物館、以上ホーチミン市。

タイビン省へ向かう。

七時一五分出発。越日友好協会のニャンさんも顔を出す。彼もタイビンへは一緒に行く。「マスコミが二〇日、二一日、二二日と同行する」とのことだ。三〇分かけて高速に入る。途中、ガソリンスタンドのトイレを借用した。ブロック塀で囲んだ一角にレンガを二個置いただけの前近代的な代物である。

休憩時の通訳のグウェットさんの話。

「現在ハノイ市では、月の賃金は、高卒が八、〇〇〇円、大卒は一〇、〇〇〇円、自分くらいの年齢（三〇歳、結婚していて一歳の男の子がいる）で一五、〇〇〇円から二〇、〇〇〇円、外国企業で働く場合三〇、〇〇〇円ぐらいだろうと思います」

リハビリ医療施設副所長の抱負

リハビリ医療施設では懐かしい顔ぶれ（所長、副所長、どちらもお名前を聞きそびれているが、昨年もお会いしてお互いに顔だけは知っている）が出迎えてくれた。グウェットさんの説明によれば、今回の訪問は「ベトナム国内にも宣伝したいので記者も同行して取材する」という。

副所長からの説明があった。

「このセンターはＪＶＰＦの投資を受けて出来上がり、一年間の活動を経てきました。この間二二人の子どもたちがこのセンターに入り、治療をつづけた結果、ダイオキシン被災からかなり回復してきました。入所後の子どもたちの生活は食事を含めて少しずつ良くなったはずです。今、子どもたちは政府から一ヵ月一四万ドンの援助を得ている。センターで働く人たちの賃金も八〇万ドン支払えるようになりました。今回ＪＶＰＦの投資があって間に合ったが、まだまだ不足している部分もあります。

これからの問題として、二〇〇五年一一月一八日に日本の外務省の「草の根無償協力」資金によって、タイビン・リハビリ医療施設への「障害者技術訓練施設建設」プロジェクト（日本からは七九、一一五ドル）がスタートしました。これには総額で一億五〇〇万ドンが必要です。そのうち仕事を教える施設費として九〇〇万ドン、設備（先生用の机・椅子、アイロン二個、ミシン二五台、裁断機、刺繍機一五台）に三〇〇万ドン、管理費として三〇万ドンが必要になります。このうち三〇〇万ドンをタイビン省が責任をもつ予定です。住まいを含めた施設三つを持つ土地は五一五平方メートルで、五〇人の子どもたちが訓練できることとなるでしょう。建物は二階建て四五〇平方メートルで、教室と住居と管理室となります。

今年の一月には計画書ができました。二月二三日に竣工式を行う予定です。日本の大使館からも代表が来てセレモニーを行うことになるでしょう。二〇〇六年一一月三〇日に訓練施設ができ上がる予定ですが、先生などスタッフも必要だし、学費も必要になる。一人三ヵ月の学びで五〇人から六〇人、一年間で一五〇人の子どもたちが学べるようにしたい。当面五〇人の子どもたちが訓練できるが、いずれ六〇人から一〇〇人くらいにしたいので、それに見合う裁断機など勉強だけではなく、働くための関連するものがこれからの設備としては希望しています」

「機能訓練室」で

副所長の説明のあと施設見学になった。事務所からリハビリセンターまでの途中に、今度新しく建設を予定している敷地がある。まだ整地も何もされていないが「ここだ」というので、まずはカメラに収めておいた。また施設用の野菜を自給自足で育てている人たちの姿もカメラでキャッチ。

正面玄関の左手に、「支援金二〇ドル」（二〇ドルの支援金を拠出すると、拠出者の名前を刻んだプレートが一枚壁に貼り付けられる）のプレートが元村山富一首相を筆頭に貼り付けられている一角がある。これまでどのくらいの人々の訪問があり、その「支援金」がいくらになっているのか聞くのを忘れたが、この中には私の三つのプレートもあるはずだ。

一歩施設内に踏み込むと、そこは食堂。テーブル、椅子、お茶の道具かと思われるものがテーブルの上には並んでいる。

つづいて「機能訓練室」。ここでは午前八時から一〇時、午後二時から四時の二回に分けて各種の機能訓練が行われる。主として足、腕の筋力作りだ。自転車のペダル漕ぎ、歩行のための足の筋力作り、そして窓際から小さく手を振って笑顔で迎えてくれた青年がいた。そう、彼と会うのは三度目だ。ビエン君は二六歳のはずだ。お父さんが軍隊中に枯れ葉剤を受けている。お母さんは、枯れ葉剤は受けてはいないが、三人兄姉のうち二人も自分と同じ症状だと言っていた。今日は腕に筋力をつける訓練をしていた。彼も私を覚えていて笑顔で迎えてくれた。彼の希望どおり私たちはツーショットのスナップにおさまった。

手摺を頼りに黙々と歩行訓練

次の部屋では手摺を頼りに黙々と歩行訓練をしている見覚えのある女性を見つけた。彼女の名はゴー・ディ・チャムさん。彼女には一年前の視察のときも会っている。二四歳と言っていたから二五歳になっているのだろう。彼女はほとんど話せない。前回は母親が付き添っていて「自分がタイグェンで枯れ葉剤を受けた」と言っていた。

今回も母親が付き添っていた。娘の訓練を見つめながらしみじみと言った。

「ここに入所する前はほとんど歩けない状態だったのですよ」

母親の名はレ・ティ・チャンさん。この名には「椿」という意味があるという。チャンさんは五三歳になるという。戦争中はタィグエンで戦った。夫も解放軍にいてそこで知り合った。チャムさんには妹が二人いるが、チャンさんは二〜三年前から体重が四〇キロから三五キロに落ちた。チャムさんを産む前に二回流産をした。二〜三年前まで父親は畑でできた作物を市場で売って稼いでいたが、今は農業に専念している。チャンさんも手伝ってはいるが、リハビリセンターに通うチャムさんの面倒をみなければならないので大変なのだという。センターに泊まり込むこともあるという。

訓練機のペダルを踏みながら

訓練中のチャムさんの横には、熱心に赤外線を足に当てている女性がいた。カメラを向けるとにっこりと笑った。治療士の先生と一緒のスナップも残した。

赤外線を手にあてている女性もいた。前回の訪問のときも、彼女は懸命に赤外線治療を受けていたことを思い出す。今回、彼女は腕の筋力を付ける曲げ伸ばし訓練に励んでいた。彼女の表情が昨年と比べて心なしか明るいように見えた。みんな少しずつ自信をつけているからではないかと思った。

昨年、両方の手の指が固まっている女性に会った。彼女の名はブォン・ティ・トゥオンさん。昨年は二四歳であったから彼女も二五歳になっているであろう。お父さんがクァンチで枯れ葉剤を受けていた。お母さんも四人の兄姉もみんな元気で、一番下の彼女だけに障害が出た。彼女はお父さんが枯れ葉剤を受けた後に生まれていた。今年の彼女は固まった手を使い、そして自転車のような訓練機のペダルを踏みながら、腕の筋力と足の筋力作りに一生懸命だ。

私は懸命に訓練を受けている若い人たちを見ると、その表情からもいろいろなことを考えてしまう。ペダルを踏んでいる彼女は、何かを思い詰めているように見えた。暗い顔で写真に収まっていたのが気にかかる。


さて、彼女たちともうお別れの時間となった。

私たちが持参したお土産を渡して、「さよなら」と言ったときだった。手摺につかまって歩行訓練をしていたチャムさんが、お母さんの手を借りながら、よちよちとやってくるではないか。私たちは感動した。私は握手を求めた。チャムさんは最高の笑顔で握りかえしてくれた。お母さんも嬉しそうだ。一日でも早く一人で歩けるようになることを心から祈るばかりだ。

ふと見ると、さっきまで暗い表情に見えたトゥオンさんも、二人の女性と一緒に来ていた。そして、私のカメラに収まってくれた。「みんながんばろうね」、思わず心の中で彼女たちに声をかけた。

「機能訓練室」から庭に出た私たちは恒例の植樹をすることになった。

神妙に記念植樹をしたのだが、私はめっぽう樹木に弱い。何度聞いても樹木の名が覚えられないのだ。このときもそうだった。聞くことは聞くのだが、書き留めておかないとすぐ忘れてしまう。今年も聞いたのであろうが、その記したメモがない。結局分からずじまいである。でも今年の木は結構大きいのですくすくと育ってくれることを望む。

ただ、昨年、植樹したであろう場所には、その植えた木がない。きちんと育たなかったのだろうか。そうだったとしたら本当に残念。理由を聞くのはなんとなく気が引けて誰にも聞けずに終わってしまった

インタビューを受ける

センターの食堂を借りて、鎌田団長がベトナム放送のインタビューを受けることとなった。私はたまたまその席に同席しその会話を記録した。通訳は越日友好協会のニャンさんである。以下、その一問一答を紹介しよう。

ベトナム放送「なぜベトナムに人道援助することを決めたのか」「これからのベトナムに対する活動計画はどのようなものか」

鎌田団長「支援しようということになった理由は、一九九五年四月のベトナム『解放・統一』二〇周年に参加した折、ホアビン村で枯れ葉剤児童に会い、戦後二〇年経っているのに被害がまだ残っている。自分も若い頃に反戦運動をやってきたのに、こういう実態を放っておくことができなかったのです。ベトナムの真実を知らせるためには耳で聞くだけではなく、目で見ることということで『アンサンブル・音楽』で、それを近くに感じてもらおうと枯れ葉剤被害児童の支援チャリティ・コンサートを続け、二〇〇五年で一〇年を迎えたのです」「枯れ葉剤が直接撒かれていないタイビン省になぜリハビリ医療施設を作ったかというと、この村からも戦場に向かわざるを得なかった人々が直接的に被災をし、苦しみ、そして尚且つそれが二世、三世までにも及んでいるという恐ろしい中身を教えてくれたからです」「これからの活動は、ベトナム自身もやっとアメリカを追及する活動を始めだしたの

で、それを国内的に宣伝すると同時に、国外的にもNGOとして枯れ葉剤被害者をニューヨークに直接連れて行って訴えることのお手伝いをしたいと考えているのです」

ベトナム放送「二月二二日に予定されているハータイ省バーヴィ県少数民族高等学校への奨学金授与式はどういうことなのですか」

鎌田「JVPFの活動は、枯れ葉剤被害児童支援活動、教育支援、経済的支援（技術・人）、プロジェクト支援ということでやってきています」

放送「ベトナム人道支援をするにあたって困難なことはどういうことでしょう」

鎌田「私たちの活動には資金が足りません。そこで、一九九六年から一〇年間かけてベトナムからタンロン劇団を招致してチャリティ・コンサートをつづけました。そこで一、五〇〇万円を作ったのです。この運動のベトナム側の功労者はタンロン劇団なのです。ですから、どうかベトナムのみなさんもこの劇団を支援してください。なお、今度できる障害者技術訓練施設には日本政府も支援してくれることとなったことをご報告します」

援助金―前年との比較

リハビリセンターをあとにして、私たちは被害児童の家庭訪問へと向かった。訪れた家庭は昨年も訪れたところだ。まずイエンさんの家を訪ねた。彼女は一九七七年生まれだから二九歳になっているはずだ。

家に入ってすぐ感じられたのは、なんとなく陰鬱な雰囲気だ。

イエンさんの調子は「今、悪くなっている状況」だと言う。お父さんも「天気の関係で頭が痛い。

働くのにも影響する」という。たしかに昨年の写真と比べるとなんとなく明るさが消えている。昨年「身体に斑点が出てきていて、時には硬直もする」と言っていたお父さんの健康がいまひとつよくないのかもしれない。

政府からの援助は「一年前と比べると良くなっている」とは言うが、身体の状況は逆に悪くなっている。そのわりに援助金の上がる率が少ないような気がする。私がこう言えるのは、昨年のデータと比較できるからか。娘さんの援助金は倍になっているがお父さんの上がる比率が小さい。

	一年前	今年
イエンさん	八〇、〇〇〇ドン	一六〇、〇〇〇ドン
お父さん	八八、〇〇〇ドン	一〇〇、〇〇〇ドン
弟さん	四八、〇〇〇ドン	八五、〇〇〇ドン

（これらはいずれも月額である）

最後に、訪れた私たちと共に写真に収まり、次の出会いを約束してこの場を失礼した。

ハノイ・枯れ葉剤被害者協会を訪ねる

訪ねたところは眼科病院だった。「協会の事務所は遠く狭いので、お話はここでやりましょう」。グエン・チャム・ニュム協会副会長はにこやかに私たちを迎えてくれた。ニュム副会長は日本にも一〇回くらい訪れているという「日本通」である。

ニュム氏は衛生省大臣を経験し、一六年間ベトナム赤十字の会長をしていた経歴の持ち主だ。定年で辞めたあとは「枯れ葉剤被害者」救援のための運動をしている。もともと眼科医だったから、現在は眼科病院の院長もやっているというわけだろう。

オーストラリア人が作った枯れ葉剤に関するビデオテープを見ながら、ニュム氏は私たちの質問に答えてくれた。

——二〇〇四年、ベトナムの「枯れ葉剤被害者の会」代表が、米連邦地裁に対して賠償を求める訴訟を起こしましたが、今後の見通しについてお聞かせください。

ニュム「まずビデオを見て欲しい」（ビデオではいくつもの被害者のケースが紹介されている。たとえば、病院で治すことができなくなった一五歳の少年の例である。彼をめぐって救済するために裁判を起こすことになった）

——戦争が終わって三〇年になるが、なぜ今取り組みだしたのですか？

ニュム「枯れ葉剤の被害で苦しんでいるのは、これを撒いたアメリカ兵も同じなのです。、従軍した兵士たちの中に枯れ葉剤による障害者が発生している。彼らの問題とリンクして一緒に解決したいということで裁判闘争に入らざるを得なかった、という事情があります。裁判では、アメリカの化学会社を国際法違反ということで訴えている。弁護士のデーン・コリユスさんは『国際法違反でアメリカに責任がある』と言っています。ニュージーランドではガンで奇形児が生まれている。一九九五年退役軍人がケミカル社を相手に訴訟を起こしましたが、彼らは責任をまだ認めていません。

さらにベトナムでは、三〇年経ったからといって戦争は終わっていません。枯れ葉剤は水も土地も汚染しました。兵士だけではなく、兵士の家族の、その後の世代までも汚染しています。科学者たちは原因がダイオキシンだと突き止めています。眼球はあるが開いていない二歳の子ども、歩くこともできずベッドについたままの子ども、被害者は生まれ続けているのです。ベト君とドク君が七歳の時に分離手術したことは知られているでしょうが、このように私たちは未だに戦争の被害に苦しんでいるのです」

ダウ・ケミカル社を提訴

「アメリカは戦後もベトナムに経済制裁を加えてきました。この制裁は一九六四年から実施されてきたものです。ベトナムは戦争終結後はアメリカとの経済関係正常化を求めてきたのですが、アメリカは対ベトナム復興援助と行方不明米兵の捜索問題をリンクしてきました。交渉は決裂したこともありましたが、一九九一年になり、ベトナムでのビジネスチャンスを求めるアメリカ経済界の圧力もあって、制裁は部分的に解除されました。そして、ようやく一九九五年七月になって国交が正常化されたのです。

そういう経過がある中で、いま、ダウ・ケミカル社に対して裁判闘争が行われている。アメリカは枯れ葉剤の生産を許可した時には既にその毒性を知っていたはずです。その意味で、枯れ葉剤投下の行為は、人間に等しく認められた健康に生きる権利を破壊した戦争犯罪なのです。人間が等しく健康に生きる権利は、アメリカが認める人権宣言の柱ではありませんか」

——原告の人数はどのくらいでしょう?

「二〇人から三〇人くらいが署名しました。署名できない人はこの協会が代表して行いました。被害者は三〇〇万人もいるので、それぞれが資料を準備するのは困難です」

——私たちの調査方法は被害児童の家庭を訪れての聞き取り調査ですが、アメリカ政府ではなく、企業を相手とした理由は？

「たしかに戦争は三〇年前に終わりました。枯れ葉剤訴訟は二〇〇四年の始めに裁判闘争に入った。ずいぶん遅くなってからではないか、と思われるかもしれません。それはこの三〇年間、国を守り生き抜くための闘いに終始したということなんです。ベトナムは第二次世界大戦の被害も受けています。一九七九年には中国との国境戦争もあった。一九三九年から一九七九年の四〇年間、平和を望んでいたがそれができなかった。しかし、ようやく最近になって『戦争の傷跡はお互いの協力で解決しよう』と考えるようになった、ということなんです。

アメリカとベトナムの両国政府は交渉をつづけてきました。二〇〇四年、ベトナムからは戦後処理問題を提起した。そして、枯れ葉剤被害者への救援は人道的問題として処理できないか、とアメリカに提起したのです。被害の全貌と損害に関する資料を送った。しかし、アメリカはそれにも応えませんでした。さらに『時効制度があるためその権利・義務は発生しない』とも言ってました。訴えを起こした翌年の二〇〇五年、アメリカの裁判官は訴えを却下しました。『提出資料は根拠がない』というものでした。一方で彼らはアメリカ兵の枯れ葉剤被害は認め、ケミカル社を通して一億八、〇〇〇万ドルの賠償をしました。

八、〇〇〇万リットルの毒薬の中には四〇〇キログラムのダイオキシンが含まれていた。ダイオキシンは毒の中でも一番怖いものです。八〇グラムのダイオキシンが水道に混入しただけで七〇〇万人から八〇〇万人が死亡するのです。

私たちは再度訴える手続きをしました。二〇〇六年四月に判決が出る予定ですがどういう結果が出るか。自分の考えでは、これらに関する資料をこれ以上出すのは困難です。自分たちには資金がありません。アメリカの会社は金持ちです。打ち勝つには裁判官が事実を承認すればいいのですが。アメリカに真実を認めさせるために世界の人々と協力して進めてきました。二〇〇二年七月のストックホルムでの会議、二〇〇五年三月のパリでの会議など、支援の世論は高まっている。自分もアメリカの大都市に行ったが、アメリカの国民はベトナム側を支持する団体もありました。韓国ではベトナム戦争で被災した人に賠償金を出すことにしました。カナダ、オーストラリア、ニュージーランドでも賠償請求の運動をしています。二〇〇六年三月二八〜二九日に、アメリカ、韓国、オーストラリア、ニュージーランドの被害者の支援の会で会議をやる予定です」

なお、ダイオキシンの人体に与える影響、枯れ葉剤との関係、ベトナム戦争に従軍したアメリカ兵の傷害、ニュム氏らが起こした裁判などについては、中村悟郎著『新版　母は枯れ葉剤を浴びた』に詳しい。ぜひ一読をおすすめしたい。

中村氏はニュム氏が訴えていたことを、つぎのように要約している。

「二〇〇四年、ベトナムの『枯れ葉剤被害者の会』代表が米連邦地裁に対して賠償を求める訴訟を起こした。連邦地裁はこれを受理した。一年間の沈黙の後、二〇〇五年二月二八日に開廷し、双方の意見陳述が行われた。法廷は直ぐに閉じられ、三月一〇日に直ちに『却下』の判決が出た。判決を言い渡したのは仲介役の判事であり、その理由は『戦争が終わった時点で（枯れ葉剤作戦は）国際法に反していなかった』『ベトナムでの信頼しうる疫学調査がなく、ベトナム人と枯れ葉剤被害との因果関係の証明がない』ということに尽きる」

改装なった戦争証跡博物館

昨年につづいてホーチミン市戦争証跡博物館の見学に行った。昨年は改装中だった。そのときの計画では、一つの大きな建物にすべての戦争証跡を展示するということだった。枯れ葉剤に関する証跡もまとめて展示されるはずだった。ところが、行ってみると分散された「証跡」はまだそのままの状態だった。そのかわり、「イベント用の会場、コンサートホールなどが大きな建物の中には設けられる」ことになったのだという。

割り切れぬ思いだったが、それでも「枯れ葉剤コーナー」は昨年よりも整っている。いくつか日本語の説明も追加されていた。その中からいくつか。

◇アメリカ空軍が破壊した標的

《民間地区》

・五、七七八村の中で、四、〇〇〇村が破壊、その中で一五〇村が全滅。

・二三三町の中で一五〇町が破壊、その中で五三町が全滅。

・三〇省の中で二九省が破壊、その中で一〇省が全滅。

・六都市が破壊され、ヴイン・ハイ、グエン・ベェト、チ　の三都市が全滅。

《農業地帯》

・一、〇〇〇平方メートルもの七八五のダム、八一五の灌漑用水路、一、一〇〇の貯水池、八三の揚水所の一、〇〇〇個以上の揚水器を破壊。

・七〇農場の中で六八農場、八農園、四八の農林実験研究所で七〇〇の耕作用トラクター、一、〇〇〇の農業機械、四六、〇〇〇頭の牛、三〇万平方メートルの家畜小屋、三、五〇〇万の長年樹木が破壊。

《工業地帯および交通運搬分野》

・四〇〇の会社。

・全ての一八発電所。

・四一〇キロメートルの線路、一〇〇以上の駅、二〇〇の機関車、六つの路線の五、〇〇〇鉄道車両を破壊。

・一、〇〇〇キロメートルの道路および五、〇〇〇の車の破壊。

・水路交通面では一三、〇〇〇の船、フェリーを破壊。

・一五、一〇〇の鉄道および道路の橋を破壊。

《文化・医療および教育施設》

・小学校から大学までの二、九二三校を破壊。

・八〇八の文化施設を破壊。

・三五〇の病院および一、五〇〇の保健所を破壊。

・四八四の教会、四六五の寺院を破壊。

・一、一九〇万立方メートルのレンガ物件を破壊。

・二四〇、八四〇の藁ふき屋根物件破壊。

12　少しずつよくなっていく子どもたち

〔第三回訪問（二〇〇七年一月三日〜一月六日）〕

鎌田篤則氏（JVPF日本ベトナム平和友好連絡会議副理事長、IFCC国際友好文化センター事務局長）を団長に一一人の訪問団。受け入れは越日友好協会。対応は旅行会社のガイドが就く。訪問先は、バーブィ県少数民族高等学校（奨学金授与）、ハノイ市。枯れ葉剤被害児童リハビリ医療施設、枯れ葉剤被害児童の家庭訪問、以上タイビン省。少数民族地域訪問（ラオカイ、サパ＝カットカット村、バック・ハー＝フー村）。

ズン所長が窮状を訴える

一〇時少し過ぎにタイビン省リハビリセンターに到着した。ここも八回目の訪問になる。早速、事務所にてズン所長のお話を聴く。

「旧正月用に、入所の子どもたちに一ヵ月三万ドンのお金をセンターで用意しました。政府からは慈善品を用意してくれています」という。

「みなさんが何回か訪れて援助してくれた資金でリハビリ活動は前進しました。そのおかげでここを終えて巣立った八〇人もいます。彼らはミシンの仕事ができます。今年（二〇〇七年）は一五〇人のリハビリ卒業計画を立てたところです」

「今、困っていることは、政府からの援助が少ないので（一ヵ月一人一四万ドン、最低生活しかできない）、少し上げていこうとしています」

「二〇〇七年三月には、日本政府からの支援（ＪＩＣＡが費用を出し、ベトナムでの住居も確保するらしい）でボランティア（ミヤクニさんと名前まで言われた）が一人来る。彼はリハビリをしてくれる技師です。自分の考えていることを言えば、今、ここに来ているグループからでもいいからボランティアで三人くらい来てくれることを希望します」

「タイビン省は、人口一〇〇万人、そのうち二万人の人が障害で苦しんでいる。その中でも一二、〇〇〇人くらいの人（一五歳～三五歳）は何らかの仕事はできるが、簡単な仕事しかできない。その人たちに仕事を教えてあげたいと思うけれど、このセンターの面積も狭いし、教える人もいないのが現状です」

途中で鎌田団長が「要するに資金が足りないということですか」と訊くと、

「一四万ドンでは不足です。たしかに労働組合などから援助が一～三万ドン入りますが、それでもセンターに在住する一人に対して一五～一七万ドンにしかなりません。この地域の人たちの生活費用は月平均して二三万ドンくらいです。ハータイ省のように米は安い、鶏も安い、ということもない。土地は高地になるし野菜も取れない状況です」

「職業訓練センターでは、現在二〇人が訓練を受けている。仕事を覚え、出所していくというサイクルは三ヵ月単位で実施している。二〇人のうち一二人がここに住み、残り八人が近所から通ってきている。入所は無料だが、生活費が政府からの援助で得ている一四万ドンで賄っているのです。仕事ができるようになるまでの訓練費用は三ヵ月で三〇万ドンくらいかかる。それも政府が出している。この三〇万ドンの使い道は、センターには一八人のスタッフがいて、そのうち一〇人が看護婦ですが、訓練のための教師がいません。そのため、二人の先生を雇い二〇人に教えてもらっている。そのための人件費と電気代、施設料などに、この三〇万ドンが使われています」

少しずつよくなっていく子どもたちと

事務所からリハビリセンターへ向かう途中に、昨年はまだ地ならしをしていた土地に立派な建物が建っている。これが「職業訓練施設」である。ここの見学を後にして、まずリハビリセンターへと足を運ぶ。

［2007年2月2日］タイビン省リハビリセンターにて　トゥオンさんの笑顔も見える

センター入り口には、例の「二〇ドルプレート」が貼られている。今回の分もここに加えられることだろう。

今回訪れるにあたって、私は昨年訪れて共に写真に収まった幾人かの子どもたちの写真を持参した。なぜなら、一年ごとに彼らが元気にリハビリに努め、そして健康を回復していることを、現実の姿を通して確かめたかったからである。

思えばホアビン村の子どもたちも、中にはよくなっていった者もあるが、「今は動けなく家にいる」という子もいた。そういう話を聴くと本当に心が痛む。そんなこともあって、二〇〇六年二六歳であったビエン君（今年は彼の顔が見えなく、思わず「どうしていないの？」と聴いてしまったが、彼は風邪を引いて休んでいるとのこと）、また、二〇〇五年、二〇〇六年とお母さんと共に訓練に励んでいた二六歳のチャムさん、それから指の固まってしまった手を恥じることもなく皆さんに見せ、「枯れ葉剤の犠牲」を言葉でなく現実で訴えていた二五歳のトゥオンさんとそのお友達。みんなが私の顔を覚えていてくれた。その時の私のメモはまったくないが、一人ひとりに触れ、握手を求め、頬に手をやり、無事一年間生活できていたことを心から喜んだ。なんと自分でも分からないくらいに、子どもたちが元気でいたことに涙が出た。

「この絵は自分で描いた」

彼らが受けた枯れ葉剤被害の状況とその後について、私にとって新しい事実を記しておかなくてはいけないだろう。

昨年は母親の手を借りて歩行訓練をしていたゴー・ディ・チャムさんは、今年は母親の手を借りずに一人で、手すりを利用しての歩行訓練に汗を流していた。彼女は二六歳になっていた。

昨年は固まった手を使ってペダルを踏んでいたブォン・ティ・トゥオンさん。昨年の懸命な姿が思い出される。今年の彼女は、少し控え目に私を迎えてくれた。思わず私も涙をこらえて「みんな元気だったのね」と言って喜んだ。別れるとき、見送る子どもたちの中で、トゥオンさんは堂々と指が固まったままの手を振ってくれた。「みんなが私に元気をくれているのですよ」と心の中で呟いていた私である。

今年は新しい出会いがあった。バン・ファン君、二五歳。「父が枯れ葉剤を受けている」とのことだった。だが訓練に関わっている男の先生が「あまり彼の状況を知らない」ということで、詳しく聞けなかったのが残念だ。ファン君が「この絵は自分で描いた」という絵（大きな椰子の木を中心に青い空と茶色の地面が描かれている）を一枚いただいてきた。

職業訓練センターに移動した。早速、中の見学である。ちょうど昼の中休みに入っているということで、訓練生の姿は一人もいない。まずは二階に上がりミシン室である。「訓練生は中休みでいない」という割には、ミシンが並んでいても、そのやりかけの仕事がまったく見当たらない。ミシン室は二部屋あり、一つには一五台のミシンが並んでいる。もう一つには一〇台あり、これはまだ利用していないのか、真新しいカバーが被さったままである。メーカーは「protex」となっていた。つづいて「パソコン室」、一二台が直ぐ使えるように整っている。「オリンピア」という韓国製である。

一階の寝室は三人部屋で八つある。一つの部屋だけ覗かせてもらったが、明るくて小奇麗にしている。

四人の子どもが生まれて

私たちが今回訪れた「枯れ葉剤被害児童」のお宅は、タイビン省ウーツ県ウーツ町にある、ボンさん（六〇歳）の家である。

彼は一九六八年、二一歳でベトナム戦争に参加をし、二三歳の時、中部のクァンチで枯れ葉剤を浴びた。一九七三年軍を除隊し結婚をした。奥さんのジュさん（五九歳）も看護婦として従軍はしていたが、枯れ葉剤は浴びなかった。

結婚をした二人には四人の子どもが生まれた。長女（現在三三歳、普通の状態で、既に結婚をしている）、そして今日、私たちの前にいる長男（フン君、三〇歳）、次女（二九歳、この方も問題はなく結婚をしている）、そして三女（二七歳、少し脳に障害がある）である。お母さんのジュさんには「流産ということはなかった」という。

お父さんのボンさんの現在の健康状態は、「血圧が高く、耳があまり聞こえない、内臓（胃腸）があまりよくなく、油濃いものを食べると直ぐ下痢をしてしまう」とのこと。

「戦争中には、化学薬品が撒かれるから気をつけろ、と士官から呼びかけがあった。しかし枯れ葉剤については分からなかった。枯れ葉剤を浴びたあと、頭が痛く、涙も出た。胸も締め付けられ、吐いたりした。結局、除隊しても目も悪いし、足も悪く、働くことはできなかった」とその苦しみを切々と訴える。

長男のフン君（三〇歳）は、「生まれた時は、目に涙が溜まり、首が据わるのにも二年間かかった。今、うちの中では歩くことができるが、両親のいうことも分からない状況で、お父さんのボンさんが怒ると少し反省する様子は見せる。しかし食事にも時間がかかるし、身の回りのこと（トイレに行くなども）も自分ではできない」とお母さんのジュさんが語る。

生活費のすべてが「枯れ葉剤被害補償」

現在の生活の糧は、ボンさんの枯れ葉剤被害に対する補償（三七四、〇〇〇ドン）と長男のフン君の受けている補償（三五五、〇〇〇ドン）が唯一である。お父さんのボンさんは、「本来だったら戦争で被害を受けたのだから除隊したあと一ヵ月くらいで戦争障害者補償が貰えるはずなのに、『それに該当しない』といわれた。しかし今、やっと『枯れ葉剤被害補償』ということで受けることになった」というのである。

　看護婦で働き続けたお母さんのジュさんは、六ヵ月前に退職している。長男のフン君は「例えば卵など栄養のあるものを、毎日たくさん食べなければならないのに、お金がかかるのでそれもできない。今は、ハノイに住んでいる父親・ボンさんの兄弟に支援をしてもらって生活している。下の三女は、ここから六〇キロ離れているところに住んでいる自分の母親に頼んで見てもらっている。彼女に対する『枯れ葉剤被害補償』は出ていない」と母親・ジュさんが語る。

　ちなみに、父親・ボンさん、長男のフン君の一ヵ月に受け取る「枯れ葉剤被害補償額」を見てみると次の通りである。

　父親・ボンさんの「枯れ葉剤被害補償額」

　二〇〇一年……　八一、〇〇〇ドン
　二〇〇二年……　八八、〇〇〇ドン
　二〇〇四年……　一六五、〇〇〇ドン
　二〇〇六年……　一八四、〇〇〇ドン
　二〇〇七年……　三七四、〇〇〇ドン

　長男・フン君の「枯れ葉剤被害補償額」

　二〇〇二年……　八四、〇〇〇ドン
　二〇〇四年……　一七〇、〇〇〇ドン

［2007年2月2日］タイビン省
枯れ葉剤被害児童の家庭訪問

二〇〇五年……　二八四、〇〇〇ドン
二〇〇七年……　三五五、〇〇〇ドン

まさに、枯れ葉剤被害補償金だけでの生活である。

これからのことについて、父親・ボンさんは「二〇〇五年から二〇〇六年にかけて、フランスや日本の団体から服や見舞金七〇万ドンを受け取りました。たしかに戦争で軍隊に参加もしたけれど、生命が今あるのは政府のおかげだと思っています」と話していた。母親のジュさんは旧正月がいまから楽しみだという。久しぶりに村の人々が来て支援してくれるからだと。

見えないところにも酷い現実？

私自身が「タイビン省」を初めて訪れたのが一九九七年一二月、当時、この地域で枯れ葉剤の被害を受けている子どもの数は一、五三七人いた。このうち九九名の子が国からの援助金八四、〇〇〇ドンを受け、一〇六名が二〇、〇〇〇ドン受けていると聞いた（チルドレンケア委員会調査）。二〇〇二年のフン君の補償額がその額に匹敵するが、やっとそれが国の政策として、経済の発展と共に、この分野に投資される額が少しずつ上向きになってきているということだろう。

しかしこの一〇年間を通してみると、一つの問題が浮かんでくる。一、五三七人の子どもたち全員が、今もなお「無事に生き延びているということではない」ということは一九九七年当時から言われていた悲しい現実だ。その意味では、私たちの目に入らないところでは、もっと酷い現実があるのではないかと思えてしまう。同じ家を継続的に訪問することに意味があることは分かる。しかし、ここの担当者は「時間がないから、遠いから」という理由で、同じ家庭を二度、三度と指定してくる。ちなみに今回訪れた家庭は二〇〇五年八月に、NPO法人ウォーター・ビジョン（静岡を拠点とした「ベトナムの子どもたちを援助する会」、会長はJVPF副会長である松浦正美氏）の方々が訪れているところであるし、昨年（二〇〇六年）の二月に我々が訪れた家庭は、私たち自身が二〇〇五年四月に訪れている家庭である。

「家庭訪問のありかた」を考えた

きちんと事前に調査をし、困窮度、被害度など優先して、訪れるべき家庭を私たちの側が指定をするとか、そうでなければ、現地に着いてからでも、どこを選ぶかなどの話し合いの詰めを持つべきだろうと私などは考える。それが今できないというのは、旅の行程も含めて観光会社に任せてしまい、「家庭訪問・慰問」も単なる行事の消化になってしまっているからではないのか。

一九九七年から始まった私たちの「家庭訪問」は、ベトナム側もシデコという青年組織が必死にこの問題を取り上げ、何とか彼らの実態を知ってもらい、できうるならば「その援助を」というのが、その出発点であった。勿論そこにはベトナム側の労働組合の努力もあったし、ベトナム政府自身の努力もあったからやり続けられてきたことなのだが、それが、越日友好協会にそのイニシアが変わり、旅のスケジュールも観光会社に任され、とにかく「金がベトナムに落とされればいい」となると、「初めの志が少し曲げられてきたな」と感じてしまうのはやむを得ないことなのだろうか。

今回は時間がないので、この報告に付け加えることはできないが、いずれ一九九七年からの「家庭訪問」での、子どもたちの事実を整理してみたいと思っているので、「二度、三度」で終わらせてはいけないことだけを、ここでは言っておきたい。

13 ベトナムの経済成長は子どもたちを豊かにしているか

〔第三回訪問（二〇〇八年二月一七日～二月二三日）〕

宮崎勇雄氏（JVPF日本ベトナム平和友好連絡会議理事）を団長に一三名の訪問団。受け入れはIFCハノイ事務所。

訪問先は、枯れ葉剤被害児童リハビリ医療施設、枯れ葉剤被害児童の家庭訪問、ホーチミン廟、バーヴィ県少数民族高等学校（奨学金授与）、以上ハノイ市。来遠橋（日本橋）＝フエ。ミーソン遺跡群＝ホイアン。チャム彫刻博物館＝ダナン。

高成長をとげているベトナム経済は、その果実がどの程度枯れ葉剤被害児童たちに還元されているのか。また少数民族学校の子どもたちに還元されているのか。その検証は、まず現地での見聞から実証されるのだろう。

「無事に生き延びられるわけではない」

このリハビリセンターは一九九七年以来、昨年も訪問している。

今回のチャン・チコン・ジュン所長の報告はつぎのようなものであった。

「二四人から出発したセンターは現在四〇名をリハビリ訓練中です。六ヵ月コース、一年間コース、二年間コースと子どもたちの健康状態によって異なるが、いずれも無料で入れている。この事業はタイビン省でも高く評価されている。現在、旧正月なので家に帰っている子が多く、今は五人だけしかいない。今日もタイビンは非常に寒く移動もできない状況なので、センター内で計画しているリハビリもできないでいる状況です」

「ここでのリハビリの後、ベトナム政府の援助で三ヵ月間の職業訓練（ミシンを利用して刺繍など）をする。これはあくまでも基本の勉強なので、その後はミシン工場などに働きに出ることになっています」

「この地域の枯れ葉剤被害児童全員がここに来ることができるわけではなく、タイビン省全体ではまだ一、〇〇〇人くらいの人が、ここに入ることを待っている（一九九七年の訪越時、ここタイビン省では枯れ葉剤被害を受けている子どもの数は一、五三七人と言われていた。だから一、〇〇〇人という数字は、児童が亡くなってしまったことを意味する。無事に生き延びられるわけではない、と当時から言われていたことが、やはり現実になっているのだ）。こういう施設は他のNGOでもやっていません。ここだけにしかないのです。子どもたちの親はほとんどがベトナム戦争に関わった人たち。国のダイオキシンの研究者は『第三世代』まで被害が継続されていると言っている。連合会の中で今、病気の研究中だ。政府も『世界的な問題にすべき』と言う立場だ。一世代、二世代、三世代とこの被害が継続されることは、未来が見えないので大きな不安がある。

枯れ葉の被害の症状は、一様ではなくいろんな症状が出ているのが特徴です。二回目に受け入れた子どもが先日亡くなった。ホアビン村に行っていたトアさん（身体全体に黒いアザがあり、アメリカの医学者の好意で治療して少し良くなっていた子）が、今重症になっている。また、ブイ・チー・モ・ミスさんは亡くなった。このように亡くなった人、重症になった人も出てきているのです」

未完成の刺繍を見せてくれた

ジュン所長の説明のあと、私たちは施設内の見学にうつった。

寒い雨の中だった。ミシン室（JUKIのメーカーである）もコンピューター室も見る。私たちもジャンパー姿だが、ここで仕事をする人たちもがっちりと冬仕度。それでも明るく私たちの訪問を歓迎してくれる職員の方。昨年から比べて施設内には治療・訓練のためのベッド、サウナ室（いずれも男女別に用意ができている）など「整ったよ」と言いたげに案内してくれる女性職員。

所長から最初に言われていたように、今日は五人しか来ていないので、センター内は閑散としている。それでもリエンさん（二八歳）という女性がいた。年齢二八歳で、父親は五四歳、母親は同じ五四歳、身体の状況が良くない、上に兄がいるが、自分と同じくらい悪いと言う。彼女は最後まで私の動きを気にしながら写真にもまともに入ろうとしなかったが、それでも「サヨナラ」の挨拶だけは送ってくれた。彼女は、表向きは何の障害もないようだが体力がだんだんと衰えてきているとのこと。

日本語で問いかける私の傍らで「ハイ」と答える女性がいた。「ボランティアの日本人から教わった」と言う。年齢は三〇歳。「父親は六一歳、一九六五年クァンチ省で枯れ葉剤を受け、母親も五人の兄弟もそのために亡くなった。生活が苦しいのでここに来た」とのこと。「三年前からここにいた」と言う。だとすれば、以前に会っていたはずだが、どうも私の記憶にはあまり鮮明ではない。

昨年、自分で描いた絵をプレゼントしてくれた青年もいた。それを見ていたのか、今年は「自分が作ったのだから見てくれ」と言って、未完成の刺繍を見せてくれた女性もいた。出来栄えを自慢しているようだった。こう数えてくると五人ではなく六人が、この寒い中、私たちを迎えてくれたことになる。

子どもたちと交流しているとき、私が相当寒そうにしていたのだろう。ベッドやサウナ室を案内してくれた彼女が、自分の付けていたマフラーを首から取り、私の首に巻いてくれる。思わず私も首に巻いていたハンカチーフを取り外し、彼女の首に巻きつける。彼女からいただいたものはシルクで暖かい。それに比べて私があげたのは大型のネッカチーフ。親切が身にしみた。彼女は私たちが建物から出てバスまでたどりつく途中、雨に濡れないように自分のノン（傘）をかざしてくれた。

「ありがとう、みなさん」

ほんのりと暖かい心になって、私たちはリハビリセンターを後にした。

家庭慰問――父親の立場で援助に差？

タイビン省ブーティ区クンフォン村。「新しい風の村」ともよばれている地区だ。

ここでは、この何年か毎年会っているゴー・ディ・チャムさんを訪ねた。今年は二七歳になるはずだ。

昨年来、この家族の来歴は聞いていたが、今年もあらためて聞いてみる。少しずつ新しい事実が分かるからだ。両親は解放戦争中、一緒の部隊にいたということだ。中部のタイグェン省でのことだ。母親はホーチミンルートの道路建設にかかわっていた。父親は一九六八年から一九七五年までアメリ

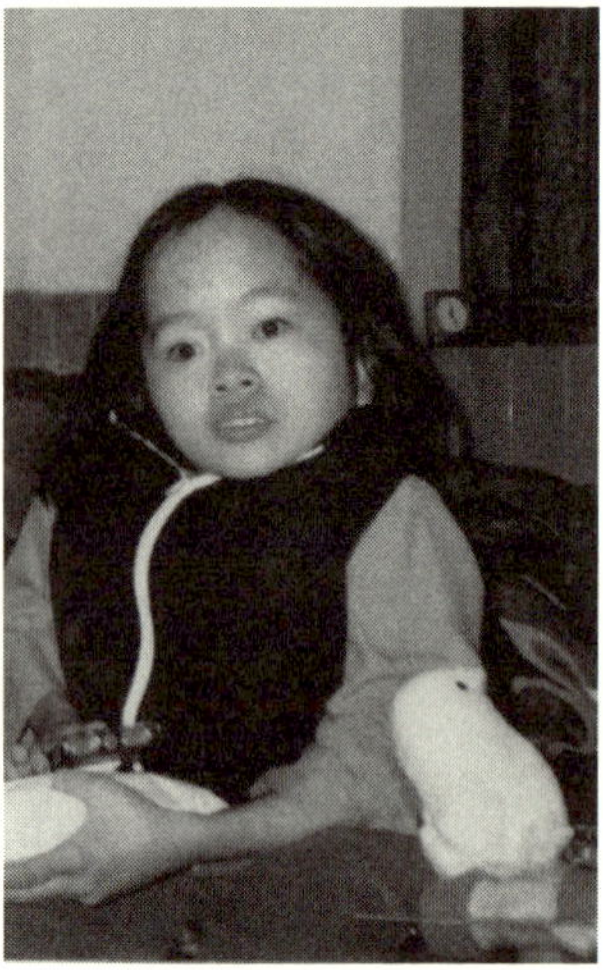

［2008年2月18日］タイビン省　家庭訪問でチャムさん

カの本部、サイゴン軍の傀儡政権にスパイとして潜入していた。

「政府からの援助は、今、母親が二〇〇〇年には八万四、〇〇〇ドン、それが次第にアップし、一七万ドン、三〇万ドン、そして二〇〇七年に四九万ドンになった。娘が四五万ドン（以前は二八万ドン）になりました」

昨年、チャムさんと一緒に撮った写真を持ってきたが、それと比較しても彼女の身体能力は少しずつだが進歩しているようだった。それはそれでうれしいことなのだが、すこし疑問も感じた。彼女たちの家は結構立派な家で、恵まれているように思われた。政府からの援助金が増えているのは、父親がかつて解放軍に直接関わっていたことも関係するのか。同じ枯れ葉剤被害児童でも、父親の立場で援助に差が出てくるのだろうか。違和感をもったところである。

昼食のとき、リハビリセンターの副所長がこんなことを言った

「センター内の子どもたちへの政府からの補助金が一人一四万ドンから二四万ドンになった。職員の最低賃金は、昨年は四五万ドン、今年は五四万ドンになった。自分自身は一五〇万ドン（一七〇ドルくらい）受け取っています」

通訳のアーさんが七三〇万ドン（五〇〇ドル）ということからすれば、まだまだその生活水準は低

いと言わなければならない。

世界遺産「ミーソン遺跡群」と枯れ葉剤

私たちは世界遺産になっている「ミーソン遺跡群」を訪ねることができた。この遺跡とベトナム戦争については、邸景一がその著書『ベトナム』でこんな紹介をしている。

「着々と侵攻する北軍にフエ、ダナンをとられた南ベトナム軍は総攻撃をかけて奪回しようとする。特に米軍による空爆が中部地方を襲った。北ベトナム軍の兵士はミーソン遺跡に隠れる。空爆は容赦なくミーソン遺跡を襲った。ほとんどの遺跡が瓦礫と化した」

「空爆の跡の大きな窪みがあちこちで見られた。窪みの底には水が溜まっていた。『ここは枯れ葉剤も撒かれたのですよ』　ガイドは教えてくれた。遺跡の周囲に樹木が少なく、遺跡を守るために伐採が行われたかと思ったら、そうではなかった。枯れ葉剤が撒かれ、ほとんどの樹木が消滅したのである。それでも自然の回復力は早い。小さな草が密集していた。ある小さな草をガイドがなでた。草は身をよじるように丸くなる。オジギ草であった。『ヴェトナムでは、恥ずかしがり屋と言う意味があります』　枯れ葉剤で一度死んだ自然が着実に復活していた」

「チャパの聖地」といわれている「ミーソン遺跡」については、各種の説明本も出ていることだろうから、あえてここではその説明をしない。私自身「遺跡」に多大な興味を持ち、学んでいるかというと全く皆無であることもここで記しておかなければならない。私が唯一「ミーソン」の名前を聞いて考えさせられていたのは「枯れ葉剤」との関係である。

14 追跡調査——六家族九人の取材記録

〔第一四回訪問（二〇〇八年五月二二日〜五月二七日）〕

二〇〇八年は二月に引き続いての訪越となった。この五月の前半は佐藤晴男氏（JVPF日本ベトナム平和友好連絡会議副会長）を団長に総勢一〇人の団員で、ハータイ省バーヴィ県少数民族高等学校卒業式に参加をし、後半がカメラマンの鈴木伊織氏とJVPF日本ベトナム平和友好連絡会議事務局の野尻愛弓さんの三人で、タイビン省に住む「枯れ葉剤被害児童（六家族九人）追跡調査」の行動となった。受け入れはIFCハノイ事務所。

今回の被害児童追跡調査は、六家族九人の取材記録となる。二〇〇三年のデータの不充分なところを補い、枯れ葉剤を受けた本人の軍歴、軍務地、病歴、補償歴、そして今回インタビューする子どもたちに関連した質問を、なるべく客観的に聞き出すことができれば、と願いつつ。

〈1〉ブォン・ティ・トゥオンさん（二八歳）とその家族

ブォン・ティ・トゥオンさん（二八歳）とリハビリセンターで会った。

今年の二月、リハビリセンターを訪ねたとき、寒くてわずか五人の子どもたちしか会えなかった。

彼女はこの時はお休みをしていた。でも今日は、笑顔で、自分たちの部屋で三人のお友達とお手玉のような遊びをしていた。私たちが彼女の家を訪れることも器用に携帯電話を使って家との連絡を取っていた。

また、治療器具を利用した動きを見ると、笑みの浮かんだ彼女の顔が自転車をこぐ姿の中に浮かぶ。なんとなく嬉しそうだ。勿論、彼女だけでなく、幾人か知った顔が笑顔の中で訓練に励む。子どもたちを一回り写して、ひょいと彼女を見ると、彼女の傍らにはハンサムな男性が立っている。ハオ君という二〇歳の若者である。

コンピューター室に行く時には、「おはよう」「こんにちは」「こんばんは」「さようなら」と私の顔を見て笑顔を見せ「日本語を少し勉強している」と話す彼女。お土産の風船の飾り物を車の中で渡すと、嬉しそうに「指が一本しかない両手」で受け取り、鼻歌を歌うような感じで運転手の隣に座っていた。彼らが語るベトナム語は私には全く分からなかったが、二〇〇五年五月に初めて会った頃を思い出すと、本当に明るくなっている。

これから帰宅するという彼女と共にセンターが用意してくれた車に乗り込む。彼女の家はリハビリセンターから車で三〇分はかかる道のりだ。辺りは青々とした稲穂が広がっている。とてものどかな地域だ。家との往復はお父さんのバイクが彼女の足となる。お父さんはハイフォンの造船工場を既に退職して家にいるとのこと。

彼女の家を訪れるのは私にとっては初めてである。結構、大きな家である。門を入ると、年配の男の方が涼んでいる。聞くと「お父さんの父」ということで九七歳になるという。出迎えてくれたのは彼女の父、母、姉、姉の子の四人である。早速、お父さんからのお話を聞くとしよう。

父親ブォン・ルック・ナムさん（六二歳）

一九九一年に軍務を終わり、一九九八年から二〇〇三年までハイフォンの造船工場で溶接工として働いていた。戦争当時は一九七〇年にクァンチに四ヵ月、タイニンに三ヵ月、そのあとラオスにいて、一九七四年にベトナムに戻った。

その頃の健康は、頭、足、手などが痛く動かなくなり（痺れる状態が全身を襲ったということか）、三五四病院や二〇七病院の軍隊病院の軍医に見てもらって注射を打ったりして治療した。その後の治療も年に二回（三ヵ月とか一ヵ月）は入院をして、薬や注射で治療をしたが、治療費は軍隊なので政府負担であった。しかし、退院した後、政府からの補償は一切なかった。今は政府補償として月五七五、〇〇〇ドン受け取っている（二〇〇八年だけかどうかは資料を探してくれるがなかなか見つからず）。この他の収入は国からの給与（年金）として毎月一六五万ドン受け取っている。一九七〇年に結婚をしている。

政府に対して思うことは、一つはベトナム政府も貧乏な中、枯れ葉剤に対して金銭的にもきちんと保障してきたが、これからもきちんと生活ができる良い条件を整えて欲しいと思う。もう一つは、他の国々と協力して、アメリカが枯れ葉剤のことをきちんと解決して欲しいし、アメリカ政府に対してもきちんと責任追及をしてもらいたいと思う。

母親ムエン・ティ・ホンさん（六二歳）

教師をしていた。枯れ葉剤は受けてはいない。しかし、結婚前は元気だったのだが、一九七〇年に結婚して、一九七一年に初めての子を六ヵ月で流産をした。お腹の中で子どもが育たなかった。そのため一年間、仕事を休んで家で治療した。そして一九七三年に次女（本日同席している方）を出産した。その後、毎月のように骨の節々などが病んだり、浮腫みが出たり、胸の辺りが黒くなったりした。そういうことが二週間くらい続くこともある（その症状を見せていただくと、内出血の状況が足の辺りには出ていた。それが全身にできるのかどうか未確認）。今も腎臓に石ができて、足、腰、胸などが痛む。

トゥオンさんに対しては、さびしい気持ちが強い。生まれた時、大変ショックだった。そのため一年間、仕事を休んだ。その後復職して、一九九三年まで教員を務め、定年退職した。今は、この子がリハビリセンターにも入ることができて友達もたくさんできているので、少し安心しているが。この子の症状が「枯れ葉剤」が原因だと分かったのは、生まれて直ぐではなく、一九九三年頃だと思う。

姉ヴォン・ティ・バンさん（三六歳）

妹は本当に元気になったと思うが、今は自分の方が父親と同じような状況で「頭が痛い」「足が痛い」「腕が痛い」「喉が痛い」「胸が痛い」という状況が二〇〇五年位から出だして、病院へ行き検査をし、薬、注射で治療を続けている。その治療費は自分持ちだ。季節の変わり目には特にその症状が出る。また、雨が降る前は酷くなる。医者は「枯れ葉剤が原因」とは言わない。自分は枯れ葉剤とは関係ないかと思っていたけれど、そうではなかった。

妹が元気になって、もし結婚ができたら両親は安心すると思う。しかし「できれば結婚して欲しい」と思う気持ちと「結婚して欲しくない」という気持ちもある。結婚すれば生活が安定するけれども、心配は彼女と同じように枯れ葉剤被害の子が生まれたら、彼女はとっても悩むだろう。だから「結婚して欲しくない」とも思うのだ。自分の娘は、今は、元気で一生懸命勉強している。

妹が内にこもらずに、収入を得る道の一つとして、両親と協力して「小さな店」を開いた（「自分で経営して自分で生活できるように」と同時に枯れ葉剤の寂しさを克服するため）。彼女が軸にやるのだがその手伝いをしている。品物（水や雑貨品、アイスクリーム等）を買ってきて、売る（アイスクリームを一日四〇個、売るという）のは妹がやる。とにかく妹には友達をたくさん見つけて欲しいと思う。

本人トゥオンさん（二八歳）

（彼女の症状を記しておく。両手が奇形、指が一本ずつしかない。というより右手は手の平そのものが固まり、くっついている。左手はかろうじて親指的なものが残り、他の四本がくっついている）

今「日本語を少し勉強している」と言う。「挨拶は覚えやすいし、リエさんに教わっている」とも言う。彼女がパソコンを練習していることは両親も姉も知っている。「いずれコンピューターを使った仕事に就きたい」というのが彼女の望みでもある。「五年前の涙など忘れた」と笑顔を見せる彼女は、ツーショットでカメラに収まったハオ君を「仲良しのお友達」とも言い、「店を経営するには資金繰りが大変だ。七〇〇ドルくらいあれば安定するのだが……」としっかりした自分の意見も言う。

彼女が現在のリハビリセンターへ入所したのは二〇〇四年の四月。それまでは二〇〇二年から政府からの援助金を受け取り、今年は二〇〇七年（三七〇、〇〇〇ドン）より一九四、〇〇〇ドン上がって、月五六四、〇〇〇ドン受け取っている。その中からリハビリセンターの費用を払っているということになる。

トゥオンさん一家と話していて、二つほど気になったことがある。

一つはお母さんに「トゥオンさんの出産時のことを聞いた」時、お父さんと姉が何事かを言い、母親との間で論争になっていたこと、そしてもう一つは、お姉さん自身の健康が、今大変芳しくないということだ。元気になっていくトゥオンさんがいる一方で、多分長くは立っていられないのだろう、庭に出ても柱にもたれていた彼女。彼女の娘は一五歳で、元気溌剌。現在、二八歳のトゥオンさんとは、叔母・姪の関係よりも友達のように振舞っていたが、その姪の母親でもあるトゥオンさんの姉に今のような症状が出るということは、これからの彼女たちの生活にいくばくかの不安を落としているのではないだろうか。特にお母さんにとっては……。

帰りにたくさんのマンゴウを頂いた。心からお礼を申し上げたい。

〈2〉ムェン・ティア・トアさん（二四歳）とその家族

ムェン・ティア・トアさん（二四歳）

彼女とは、私がベトナムに通い始めた一九九五年からの付き合いになる。当時、彼女はハノイ市にあるホアビン村で生活していた。ただし私自身が彼女の存在を意識しだしたのは一九九六年一二月の二度目の訪問時であった。訪問団と共にフィルムに収まっている彼女の顔にはまだまだ黒いアザが残っていたし、見ることができなかった身体中のアザも歴然と残っていただろう。

そんな彼女の姿が私のカメラの中心に据えられ、アザが残る頬（二〇〇一年一月）、手術後の顔（二〇〇二年二月）、そして前回ビデオで記録された両親との笑顔（二〇〇三年二月）、一九歳になった娘さんの姿が私には少し眩しかったのを記憶している。

この時、彼女は「生まれつき顔や身体のあちこちに黒いアザがある。アザからは毛が生え、かゆみが止まらなかった」と話していた。この彼女が「一二歳の時に、政府の援助でハノイ市のホアビン村に入所、そこで治療を受けながら学び（知能的には問題ない）、一七歳の時に、アメリカから視察団が訪れ、その中にいた医師が帰国後、寄付を募ってアメリカで治療を受けさせてくれた。そこで皮膚を綺麗にする手術を受け、全てのアザを消すことはできなかったが、だいぶ綺麗になった。（二〇〇一年六月～一二月まで渡米）」「医科大学に通い、英語を勉強中。他の学生は自分を理解してくれる人もあるが、そうでない人もいる。でもそのことは気にしない」「将来は医師になり、他の枯れ葉剤で苦しむ人々の治療をしてあげたい」と将来の夢を語っていた。

あれから五年、彼女はどうのように成長しているのだろう。タイビン市の街中にある彼女の家、お父さん、お母さんは、まだ仕事で帰って来ていない。とにかくお父さんを待ちつつ、まずは、彼女から話を聞くことにした。

本人ムェン・ティア・トアさん（二四歳）

今の健康はまずまずだが、皮膚のアザ（身体全体に黒い状態）は少しも変わらない（いつも会うのは二月の、ベトナムでも少し涼しい時期ということもあって、彼女は「タートルネック」のセーターという姿だったが、今回は五月ということもあり、首周りが開いた服を着ていた。その衣服の下からは、首はケロイド状の、首から下は真っ黒のアザが見え隠れする）。アメリカで行った手術は、顔のアザを取り除き、お腹の皮膚を取って移植した。そのこともあって今の体力は手術前と比べると六〇％くらいに落ちている。お腹の皮膚を取った後、長時間歩くことができない状況になった。

現在は何の治療もしていない。しかし政府からの援助が月二四万ドンある。一一歳の時（一九九五年）に政府からの援助は八四、〇〇〇ドンだった。その後ホアビン村に入所し、二〇〇二年にそこを出て家に帰った。この援助金は一九九四年から毎年上げてきた。

疲れる症状が出るが、病院へは行っていない。もし入院した時は薬も注射も無料だ。今は、顔が綺麗になって安心した。

医科大学では外国語を学ぶセンターがあり、そこで英語だけを学んだ。タイビンに戻って英語を使う仕事がなく、今はミシンを使って縫製の仕事をしている。一ヵ月三〇日間働いて五〇万ドンから六〇万ドンになる。休みもないので非常に疲れる。仕事の中身は蚊帳を縫う仕事。個人の会社で、一枚一五分かけて作る。ここから自転車で五分のところ。家の生活が苦しいので、自分が働いた分で生活できるのが楽しい。

好きな人は欲しいと思うけれど、まだできていない。作るのに努力している。結婚して自分の家族を持ちたいと考えもするけれど。

二〇〇三年に語っていた「人のためになる仕事をやりたい」という希望は、今は自分が生活するために縫製の仕事を必至にやっているので、例えばリハビリセンターのミシンを教えるなどの仕事はできない。でも時間があれば、タイビン市のボランティア活動で「耳が聞こえない人への手話」グループがあるので、その人たちのお手伝いをしている。

この後「元気ですか」「自分の名前」「ありがとう」など手話で語ってくれた。

父親グェン・バン・タンさん（五四歳）

シクロの仕事をしているというお父さんが、仕事の合間をぬって家に戻ってこられた。「月平均一

○○万ドン程度の収入だが、安定的ではない」と言う。「政府から援助金は全くなく、毎日のシクロの仕事でがんばるしかない」としみじみ話した。

政府からの援助は、軍隊に服務していただけでなく、アメリカとの戦いで障害を受けた人にしか出ていない。ベトナム政府は一九七五年までの対米戦争に従事した者については補償しているのだが、自分は一九七五年に軍隊に入り、一九七八年のカンボジアの戦争に従軍した。これは補償の範囲ではないことになっている。森だけのカンボジアとタイの国境で任務に付き、雨水を飲んだり、池の水を飲んだり使ったりしたので、自分は枯れ葉剤の影響を受けたと言えるのだが、しかし政府の補償はない。だから「自分のような人にもきちんと政府の補償を」ということで政府へ申請をしたが、回答はまだない。「政府は私たちの生活や健康にもっと関心を持ってもらいたい」とも言う。

娘のことを考えると、さびしい気持ちが募るが、子どものために心をこめて一生懸命働くつもりだ。政府からの援助がない中で娘は重い病気だから…。「娘の手術の相手がアメリカ（加害者）」ということに対しては、政府に対する気持ちと民間人に対する気持ちは別だ。アメリカでの治療費は旧軍隊のアメリカ人（ボランティア）が法人という形で出してくれた。

こんな会話をつづけている最中にも何度も電話が入る。シクロの催促のようで、こちらも気を使い、お父さんには先に席を立ってもらった。

母親ファン・ティ・ファさん（四七歳）

お母さんもシクロの仕事（「重労働」と本人は言う）をしている。健康はあまりよくないと言う。彼女は枯れ葉剤を浴びてはいない。

一九七八年、タイビンで建設労働者として働いていた。一九八三年に結婚。一九八五年にトアさんが出生。一九八八年二人目の男の子が生まれたが、心臓が悪く、自分は仕事を辞め家で二人を見ていた。その子も一九九四年に亡くなった（もしかして二人目の男の子もトアさんと同じように黒いアザがあったのではないか）。トアさんが生まれた時は「枯れ葉剤が原因」とは分からなかったが、二番目の男の子の時に枯れ葉剤が原因と分かり、娘を見ていた医者が「これは枯れ葉剤が原因ではないか」と言われた。それで「多分、トアさんもそうだろう」と言われて初めて知った。

トアさんは、生まれた時から黒いアザがあり、幼稚園でも普通の子どもと違うと言われるし、学校でも受け付けてくれなかった。枯れ葉剤が原因だと分かってからの気持ちは「さびしくて」「苦しくて」泣いた。

（この彼女を見ていて、また二人目を考えたのは）一九九四年に二人目の男の子が亡くなった後、お父さんは「三人目を作らないと仕事をしない」と言った。家の中に息子がいないと、お父さん自身長男で、親戚などからも「跡継ぎを」という声が出ていた。

一九八八年に、夫のため家族のため仕事をやめた。もし夫が働かないと自分の田んぼもないので生活ができなくなる。今、自分も子どもたちのためにシクロの仕事をしているが、最近は増えたもののまだまだ女の人の仕事は少ない。娘の将来については縫製の仕事でがんばって欲しいと思う。他の人たちとも交流ができるし、両親がこの先働けなくなったら困るから。娘の結婚については、全く考えられない。彼女を愛する人はいないだろう。とにかく健康で働いて欲しいと思う。

娘の下に一九九六年生まれの息子がいるが、彼が生活できるための政府からの補償が全くない。今は元気だが神経に少し問題がある。時たま何をやっていたのか全く忘れてしまう。年齢的には中学校の一年だが、知能的には小学校三年レベルではないかと思っている。

こんなふうにしてトアさんとの話は終わったが、「彼女の将来の夢はどのように膨らんでいるか」など少し期待を持っての取材だっただけに、帰りの道は重い足取りであった私たちである。

と同時に、表に現れるトアさんの姿と、まだまだ私たちには見せることを拒むほどの身体中の黒いアザが、お母さんにして見れば「結婚を考えるより、一人ででも生き続けられる糧を持て」という思いがひしひしと伝わってきて、本当に辛い質問でもあった。しかし、どんな形でもいいから、彼らが長生きでき、少しでも人間らしい営みができるような国の政策が進むことを心から願う。私たちの支援には限りがあることを考えるならなおさらのことである。

〈3〉ハン・ティ・ショトさん（一七歳）とその兄弟

まずは家を訪れて驚いた。大きな家に変わっている。たしか二〇〇三年の時には日々暮らすための部屋は電気もなく暗い一室のみで、ヤカンと鍋しかなかった。「今、隣に家を建てている」とも言っていて工事中だった。予想に反して大きな家なので吃驚したのが正直なところ。路地を曲がっていく途中で見覚えのある顔が自転車で近づいてくる。そう、お母さんだ。お父さんは仕事なのかまだ戻っていない。まずはショトさんを中心にお話を聞く。

本人ハン・ティ・ショトさん（一七歳）

生まれつき目が見えないが、健康状態は以前より少しは良い。勉強はタイビン省の目の見えない人たちと一緒に、文化（ベトナムの言葉など）と数学を、点字を使って学んでいる。それは大変楽しい。歌もたくさんたくさん覚えた。先生になって目の見えない子どもたちに、読み方や書き方、ベトナム語を教えてあげたい。将来の仕事は、歌よりも点字を生かしたものをやりたい。

父母が農家に出ている間は、食事の仕度（電気釜にスイッチを入れることだが）はする。掃除はできない。でも自分の身の回りのことはできる。政府からの補償は一九九二年に月八四、〇〇〇ドン、その後一四〇、〇〇〇ドンになり、現在二四〇、〇〇〇ドン出ている。

弟のダイ君とフォン君（いずれも一三歳）

二人ともまだ学校へ行っていない（フォン君）。点字を覚えるためゲームで押し方などを学んでいる（ダイ君）。二人は「歌は覚えていない。今は勉強していないから字は分からないが勉強はしたい」と言う。政府からの補償はフォン君のみ二〇〇七年四月から六五、〇〇〇ドン出ている。「何故ダイ君に政府からの保障がないのかは分からない」とのお母さんの話。

姉トウさん（二三歳）

現在家におらず団体に所属していて歌を唄っている。五月一二日から二～三ヵ月、各村を回って歌を唄い、一人で生活をしている。彼女は一ヵ月五〇〇、〇〇〇ドンくらい稼ぐ。二〇〇三年の時「兄」と聞いていたが、「姉」で、当時は「全寮制の盲学校に就学している」と聞いていた。その姉が既に独立し、歌い手として各村を回り収入を得ているということだ。政府からの補償はない。

母親グェン・ティ・ヒエンさん（五五歳）

お母さんは軍隊に行ってもいないし、枯れ葉剤も受けてはいない。今は子どもたちが自分の身の回りのことをするので農家で働いている。しかし二〇〇七年九月に胃の痛みが出て、胃がんと言われ手術をした。

結婚は一九八四年。歌を唄っている長女トウさんと次女のショトさんの間に男の子が三人生まれた。しかしその息子たちは生後直ぐ（生まれて一時間くらいで）亡くなった。

長女が全盲で、三人の男の子も亡くなり、かつまたショトさんも全盲なのに、「また次の子を」と考えたのは、とにかく「普通の子が欲しい」「男の子が欲しい」という気持ちだった。お父さんの状態はよくないのだが、南に行っていたのに、まだ「枯れ葉剤被害によるものだ」とは確認されていない。そのため子どもたちも枯れ葉剤かどうか分からないということになっている。

子どもたちの将来が心配だ。自分たちはいつまでも生きていることはないので、将来にわたって政府にきちんと援助してもらいたいと思う。

父親ファン・スン・ヒヨさん（四九歳）

（やっとお父さんが帰ってきて話を聞くことができた）

一九七七年から一九八一年まで軍隊に勤務していた。仕事は車の運転手で、北部からクァンチ、タイニンなどへ軍隊の物資を輸送していた。食べていたものは軍隊の基地の中でだが、ご飯や缶詰めなどで、水は地方の井戸の水を飲んだり、綺麗な水がないので雨水の溜まり水を飲んだりしていた。軍隊から戻り一九八四年に結婚した。

身体の状況は、一九八一年から疲れが酷くなり、お腹が痛くなったり、頭が痛くなったり、腰や手足がしびれるなどの症状が出だした。しかし病院へは行かなかった。しかしそれが重くなって二〇〇七年二月には入院検査をした。その時は薬だけだった。薬や注射の費用は「保険証」があるから無料だが、その他に国からの援助は出ていない。

生活は農業をやっているが毎月の収入が安定していないので、生活費は教会の援助でお米やお金を貰い生活してきた。この大きな家はタイビン教会の援助で二〇〇〇年から建て始め出来上がったものだ。一ヘクタール一〇〇万ドンで三五ヘクタールあるから三、五〇〇万ドンかかった。こういう援助を受けている家は家族の状況によってはあるようだ。椅子やテーブル、ベッドやテレビ、扇風機など全て教会の援助で貰ったものだ。

政府にやってもらいたいことは、自分たちも歳をとってきているので、子どもたちの将来を保障してほしいということ。トゥやダイのために枯れ葉剤被害の認定を、村の人民会議に一九八六年に申請しているが、それはまだ解決していない。長女のトウから「何で自分のようなものが生まれるのか」と言われたが、何も答えることができなかった。政府は枯れ葉剤について全部解決するつもりでいるが、検査をして認定するまでには時間が必要だ。法的な規則があり一九七五年前と後では補償の仕方が違う。それらが全部解決しないと決定されないのです。

――こうした取材の過程で、ベトナム政府の決めている、補償の時期的範囲・区別について、政府関係者とリハビリセンター副所長との間でちょっとした論争があった。つまり、軍務についていたのが「一九七五年五月三〇日」の以前と以後では天と地の差があることについてだ。枯れ葉剤はべつにして、一般軍務については、「以後」の人には補償がない。論争はそれをめぐってのようだったが、両者ともに、多くの被害者が補償を望んでいる実態を直視してほしかった、と私などは思うのである。
――取材ではいつも身につまされた。私の日本語は分からないはずのお母さんたちやお父さんたちが、必死に私の目を見つめ、口の動きを観察し、そしていちいち「うなずき」「涙をためて」聞いていたことだ。そして、通訳の話を聞いたあと、辛く苦しい胸のうちをとつとつと語ってくれた。彼らの気持ちを察するとき、私はことばを失う。本当にありがとうございました。頭が下がります。

「自分の希望と期待が膨らみます」

最後にショトさんが「子ども」という題名で、「普通じゃない子どもたち、眼が見えない枯れ葉剤の子どもたちに対して、世界の人々の援助を要求します」と唄ってくれた。五年前には「学校の先生と共に作った歌」を披露してくれた。通訳のアンさんはショトさんの歌は「民間の作家が作ったもので、自分で作ったものじゃない」と説明していたが、本当かな、と思った。ショトさんが自分でつくったのでは、と思ったのは私だけではないだろう。

ちなみに二〇〇三年二月二一日にショトさんが唄ってくれた歌の内容は、当時の通訳の方がその場で次のように訳してくれた。

私の目は、全然、何も見えないから、
いつも暗くて闇の中に住んでいます。

でも、一つの希望を持っています。
それは、学校へ行けることです。
なぜなら、学校で、先生の教えを聞いて、
心が明るくなるような感じがあるからです。
先生の教えのおかげで、周りの世界のことを見えるような感じがし、
自分の希望と期待が膨らみます。
だから、学校では勉強に一生懸命がんばります。
将来、何かができるようにがんばります。

〈4〉ドゥアン・ティ・タムさん（二四歳）とその家族

この家族への訪問は私にとっては初めてだ。まず、二〇〇三年の記録から見ておこう。

本人ドゥアン・ティ・タムさん（二四歳）

二〇〇三年にここを訪れた団員は、当時、タムさんについてこんな記録を残している。

「知的障害があり、身体の発達も未熟で、全く喋れない。全身が皮膚病で覆われ、ことに夏には痛みやかゆみが酷く、常に皮膚が破れ、体液が出てしまっている状態。応急処置として紙を貼っているが、皮膚にくっついてしまわないように毎日貼り替えなくてはならない。漢方薬による治療を行っている。身体も動かせない。彼女に対する政府からの援助は、現在、月五六四、〇〇〇ドン、その以前は四回、二〇〇二年に月八八、〇〇〇ドンだったのが、月一六八、〇〇〇ドン、月三五五、〇〇〇ドンと上げ

て現在の月五六四、〇〇〇ドンになっている」

以下は今回の取材の内容である。

父親ドゥアン・タット・トゥアイさん（五五歳）

今の健康はあまりよくない。二〜三ヵ月前から脊髄や膝、腰などが痛く入院もした。骨が固まっている状態だ。毎年悪くなるので、一年間に四〜五回入院して診察を受けている。だんだんと悪くなっている。今はハリ治療を行っている。

一九七一年一二月に軍隊に入り、一九七二年〜七三年までクァンチとツーティン・ホエに駐在した。そのあと一九七五年まで北部の軍事大学で勉強して、一九七八年にラオスに行き一九八三年にベトナムに戻って軍隊を退役した。一九七二年〜一九七三年のクァンチでの戦いは厳しい戦争で、その時に枯れ葉剤を受けたと思う。クァンチでは午前中も午後もトンネルに入り、深夜は偵察隊の任務をこなしていた。その時の飲み水は山から流れてくる水や池の水、田畑の水をポンプで巻き上げて飲んだ。

偵察の仕事は夜だけで、身体は小さいが物凄く元気だった。症状が出だしたのは軍隊を退役した一九八三年ごろからで、腰が痛かった。首の痛みは三〜四年前くらいからで、膝の痛みは二年位前から出だした。治療は入院し検査をしたが、痛いのを止める飲み薬だけしかもらえなかった。入院して治療したけどあまり調子がよくないので、仕事もできずに来た。その他に内臓（腸炎になった）の調子も悪く入院したが幸いガンではなかった。しかし食べ物も油ものは食べられない。首、腰、膝のハリ治療はタイビン市の病院で一年間のうち一ヵ月間治療した。治療費は「保険証」があるので無料だ。

自分は一九七三年にクァンチで枯れ葉剤を受けたということで政府からの援助が出ている。現在は月五九〇、〇〇〇ドンで、その以前は四回上げたが、二〇〇二年に月八四、〇〇〇ドンだったのが、月一七〇、〇〇〇ドン、月四九四、〇〇〇ドンと上がり、現在の月五九〇、〇〇〇ドンになっている。

娘に対して思うことは、以前と比べて良くなっていないけれど、今は自分が元気なので子どもの世話ができる。しかし将来は、自分たちが亡くなった時、誰が世話をするか分からないので、政府が一生見て欲しいと思う。

仕事は農業だが、赤字だったのが、二年前から、ガソリン、肥料の値上げに対して、コメの売上も高くしてくれたので黒字ではないが、少し損をしている程度。その他に村の「ラジオの管理」の仕事で月一七〇、〇〇〇ドン、「電気量の管理」の仕事で月三〇〇、〇〇〇ドンが収入として入る。生活はプラスになったが自分が娘を見て、妻がハノイ市やタイビン市の家族の世話を引き受けて働いていた。最近はそれも大変になってきているようだ。

一番苦しかったのは、彼女は一九九〇年頃から皮膚の痛みが酷く、服も着用できない状況だ。全く動かずにいると体液がくっついてしまうので、三〇分ごとに身体を動かしてやった。そうしないと、体液が出て、それに虫がついたりするので、朝から夜中まで扇風機をかけてみてやらなければならない。

（以下、お母さんが話し出す）ベッドに虫が登ってくるのでベッドの下に水を入れた器を置き虫がそこに落ちるようにする。冬は口を閉めて寝るが、夏は暑いので口をあけて寝る。娘の皮膚や腕、口の中、腰も酷く、あまりよくなっていない。痛い時は顔をしかめている。六ヵ月間、毎日、漢方薬を飲ませても良くならないので、それを止め、今は「アンビシリン」という薬を飲ませている。この薬は、はじめは病院へ取りに行っていたが、今は、医者がよく知っているので毎月送ってくれるようになった。

それが効いているのか、今は血液が固まり、膿も出なくなり、皮膚が乾燥して少し良くなったように思う。しかしかさぶたができるとそれを取らないと固くなって皮膚が痛くなるのでそれを取ってあげる。もう二～三日くらい良い状態が続くだろう。

（以下、お父さんが話す）軍務は政府の指令で着いた。そして枯れ葉剤を受けた。その結果、自分の健康と子どもの健康が奪われた。ベトナム政府はその時のアメリカ政府に対して「戦争は終わった。しかしそこで起こったこと（子どもの状況はよくならない、枯れ葉剤被害、戦争での被害）をどういう形で解決するのか。アメリカ政府自身に責任がある」ときちんと言うべきだし、そうしてくれることを希望します。

母親ティアン・ティ・トゥエンさん（五五歳）

直接枯れ葉剤を受けていないが、今の健康はあまりよくない。血圧も低い。めまいがして転び、その時に腰と膝を痛めてしまった。

一九七五年に結婚して、一九八二年に息子が生まれた。そして一九八四年にタムが生まれた。上の息子は今、ブンタオで、石油に関連する会社の料理店でサービスの仕事（皿を洗ったり、野菜を洗ったり）をしている。

（以下お父さんが話す）二六歳の彼は元気だが少し知能的に遅れていて、勉強はできない。タムさんの次は女の子で、一九九〇年生まれで一八歳になるが、目の障害（極度の近眼）を持っている。今、高校の二年生で、五月二八日に卒業試験があるので、現在、外で勉強している。この子は優秀だ。

（以下、お母さんが話す）タムさんの出生時は、本当に苦しく、寂しい思いをした。生まれて直ぐ、タイビン市の病院からハノイ市の病院に移り一年間、入院した。治療は、手足の血管が見えないので六ヵ月間、毎月一回、頭の血管から血液交換をした。

枯れ葉剤が原因だと認められたのは、皮膚の障害があり入院し、父親の血液、この子の血液などの検査をし、タイビンの病院からハノイのベトナム病院に移されてからもう一度血液検査をし、お父さんが枯れ葉剤を受けていたということが分かり、子どもも枯れ葉剤が原因だと認定された。これは一九九五年にベトナム保健省の各病院の先生方のグループがタイビン省へ来て再度検査をしてわかった。それまでは「少しはよくなるのでは」と思っていたので、医者に「これは、治すことができない」と言われた時は、大変苦しかった。

五年前（二〇〇三年以降）から、自分が働き出した（タイビンで田植えの手伝い）。その間、お父さんが子どもを見ている。お父さんは仕事もするし、娘の世話もしてくれるので、本当によい夫だ。この子は、同じ歳の子が勉強もすることができ、話すこと、人の言う事も聞くことができるのに、それが全くできないので、何ともいえなく本当に寂しい気持ちだ。

インタビューを終えて、彼女をベッドに寝かせに行くとき、お母さんは一言「今は少し元気なときです」と言われた。「痛い」ということは本能的に表現できても、それ以上の意思表示のできない彼女を抱えたご両親、特にお母さんの苦しみがひしひしと伝わってくるだけに、この一言は私の心を救ってもいた。

もう既に午後一時を過ぎている。車は「ハさんの家」へ向かっているという。「え！　もしかしてお昼抜き？」と思っていると案の定、通訳のアン氏が「時間がないからお昼抜きです」と言う。「でもどこかで一息を入れなければ私の体力も持たない」との思いが通じたのか、ＪＶＰＦ事務局の野尻さんが「昼抜きでは困る。どこかできちんとお昼にしてください」と申し入れ、「フォーの店」に入った。この時のコーラの美味しかったこと。「これで、またがんばれる」なんて私などは考え、ウドンをすすり、大汗を流して次へのスタミナを蓄えた。

〈5〉ライ・ティ・ハさん（二六歳）とその家族

ライ・ティ・ハさんと初めて私が会ったのは一九九七年一二月。当時お父さんが「一九七五年一月にクァンチ省に戦争に行った。荒地を開発する仕事の最中に化学のタンクを発見した。そこから戻って、こういう子ができた」と訴えておられた。そして二〇〇三年二月のビデオで見る彼女は小鳥の鳴き声に興味を示していた姿が、とっても新鮮に思い出される。

さて、あれから一一年、ビデオを撮ってから五年、彼女の家を訪れる。出迎えたお母さんは「今、重い病気になっている。食べ物を口にしなくなり、飲むのはミルクのみ」と語り、「お父さんは、今日は共産党の会議に参加をしていて留守」とも話していた。

「彼女は？」と言うと、柵に囲まれ、暗い自分の部屋（窓が一つしかなく、ベッドのみ置いてある）の中からこちらをじっと見つめている。「こんにちは」と声をかけつつ写真を撮っていると、声を出し始め、立ち上がり、窓から見える池を見、振り返って私のほうを見ては笑い声を上げる。これを見てまたお母さんは「興奮して尿がたくさん出ると困るから、あまり笑わせないで欲しい」と言う。

本人ライ・ティ・ハさん（二六歳）

知的障害で身体的発達も未熟。まったく喋れないが、空腹時には大声で叫ぶなど、意志を伝えることはかろうじて可能。介助なしには立つことも歩くことも不可能。なんでも口に入れてしまうので目が離せない。（二〇〇三年二月の状況）

彼女に対する政府からの援助は、二〇〇〇年に月八六、〇〇〇ドン、間で少しずつ上がり二〇〇八年は月五六四、〇〇〇ドンになっている。

父親ライ・バン・ハンさん（五六歳）

クァンチで戦争に従軍し、ビンディン、ティティンに駐屯した。一九七二年から一九七五年の戦闘に直接加わってきた。その時、枯れ葉剤を受けた記憶はないが、そこにはもう既に樹木がなかった。雨水や小さな池などの水を飲んで生き延びた。

そのあと健康は一九七五年から時々疲れる状況が出始め、一九七八年には五二キロまで痩せた。そして肩や足もそうだが、首筋がとっても痛かった。そのときの治療は、軍隊の病院で見てもらったが、医者には「原因が分からない」ということで、一応薬を貰い、注射を打ってくれた。今の時期の季節の変わり目が悪く、首筋は勿論、身体全体がとっても痛む。

枯れ葉剤と分かったのは、軍隊の病院で一九九八年に医者から「あなたは枯れ葉剤を受けている」と言われ、確認された。

一九八一年に結婚をし、一九八三年にこの子が生まれた。その後、二人の子どもが生まれ、今、上は二二歳（息子）、下は一七歳（娘）になるが、健康的には大丈夫で学校へ行って勉強している。将来的には彼らに世話してもらうことにもなる。今、農業だけでは生活は困難だ。貧乏だ。しかも農業を連続してできず、子どもの世話をしながら農業をやっている。給料（国からの年金と言う意味）は出ない。枯れ葉剤に対する援助金だけで生活している。

政府からの援助は、二〇〇〇年に月八四、〇〇〇ドンだったが、その後毎年上がり二〇〇八年は月五九四、〇〇〇ドンになった。自分はベトナム戦争の時、救国の任務についたのだから、ベトナム政府に対しては特に意見はない。しかし自分が元気なうちは世話もできる。そうでなくなったときが心配だが、自分たちが世話することができなくなった時にはベトナム政府がしてくれると思う。

母親クゥアン・ティ・モアンさん（四八歳）

今、この子の面倒を見ながら農業の仕事をしている。この子が生まれた時は、全く他の子と変わりなく生まれた。しかし、お座りができないので医者に行くと「問題だ」ということで検査はしたのだが、原因は分からなかった。両親に対してのこの子の知的反応は「自分の父母」ということではなく、「見てくれる人、なれた人」というだけ。そのくらい子どもの反応はない。育てて来て困難だと思ったのは、大小便を含めて日常の身の回りのことが自分では全くできないので、夜も昼もなく目が離せなかったことだ。

「何でも口に持っていく」ことについては、小さいときはその割には目立たなく、こういう症状が出てきたのは一〇歳くらいになってから。昼間はお父さんが仕事なので、自分の部屋に入れておく。しかしあまり長い時間、一人にはできない。身体も少し大きくなったので、ベッドごと倒れて危ないから…。夜は、みんなこっち（少し広い部屋）で寝る。

娘の将来について考えるとき、これ以上良くなるための努力をしてもだめだろう。でも彼女の世話をがんばる。「この子がどの位、生き延びられるか」「自分が何時倒れるか」のいずれかだ。この子は二週間前から眠ることも、食べることも全くできなくなってきた。今はミルクだけしか受け付けない。病院へ連れて行って検査をしたが、医者は「彼女の身体が弱っている」ということだけで、薬を貰ってきて与えている。薬代は無料だが、生活は苦しい。

政府に対しては、この子と同じような人たちが、生活できるように政府の政策を検討して、もっともっと改善をして欲しいと思う。

彼女のベッドが新しくなっているのは、二〇〇三年から今まで三年ごとに新しいのに作り変えて来た。ベッドをかじることは今も時々あるが、ものが食べられなくなった、眠れなくなった二週間前からは、ほとんどそれもない。

――彼女を置いて働かざるを得なかったこともあり、ベッドに入れたまま出かける。その間、彼女はベッドの柵をかじりボロボロにしてしまったということだった。辞去するとき、お母さんは一言もらした。「今年一年、生きのびることができるかどうか」と。この言葉は私にとっては大変重い。

〈6〉ファン・バン・ハウ（二三歳）君とダイ（一八歳）君

この家族も私にとってははじめての訪問である。二〇〇三年の記録では、ハウ、ダイの兄弟について「二人とも知的障害、合わせて身体的発達も未熟で、ほとんど喋ることができない。介助なしには立つことも不可能」と記録されている。

さて今回である。

本人＝兄のハウ、弟のダイ

政府からの援助金は、二人とも六年前から受け取りだし、二〇〇八年から、それぞれ月五二〇、〇〇〇ドンずつ受け取っている。

父親ファン・トゥン・ムェンさん（五六歳）

一九七一年一月に軍隊に入り、一九七四年まで、クァンチとラオスの国境で荷物運搬や道路を造る仕事についていた。その後、一九七五年から一九九一年までは北部にある軍隊の専門学校で道路や橋を造ることを勉強した。

一九七一年から一九七四年までいたクァンチでは、枯れ葉剤は、受けたかどうかは分からないが、飲み水は、川の水や池の水を直接飲み、名前は分からないが森の野菜や果物を取って食べた。

その後、健康的には一九七五年から一九八〇年くらいまでは若いので元気だった。しかし一九八〇年ごろから元気がなくなってきた。記憶力が落ちる、食べたものの消化力が落ちるということで、軍隊の病院に入院して検査した。その期間は一九八〇年から一九八三年の間で、毎年二ヵ月から三ヵ月入院した。医者は「記憶力の低下、消化力の低下がある」と言うだけで原因については何も言わなかった。入院の費用は軍隊がみてくれた。

一九七六年に結婚をしたが、一九九一年まで軍隊にいた。この間、北部の専門学校へは今のところから通った。

今、定年退職になり月二六〇万ドンの年金を国から貰っている。枯れ葉剤の被害に対する援助金は、現在支給のための手続きをして、それが終わった。二〇〇八年の一二月から援助金が出ることになる。

今の健康もよくないし力も弱ってきている。今、政府からの退職金を受け取っているが、自分がこれからずっと子どもたちを見てやれるかどうか頭の痛いところだ。一九九五年に、人道支援の援助金を受けているハノイにあるホアビン村に行ったり、タイビン省でもリハビリセンターに治療を求めて訪れたが、「二人とも自分で身の回りを見ることができないからだめだ」ということで、入所を断られた。

自分たちは不幸な家族だが、私たち夫婦で一生懸命働いて、何時までがんばれるか分からないが、見ていこうと思っている。皆さんが来てくれ交流できたことを嬉しく思うし、本当に感謝している。

母親ファン・ティ・フォアさん（五二歳）

（彼女自身は、地元で農業をやっていたが、枯れ葉剤を受けてはいない）子どもたちを出産したあとは、健康はあまり優れず、今、二人の世話で大変疲れるし、頭痛もある。

ハウ（一九八五年生まれ、二三歳）の前に、一九八〇年に長女が生まれた。しかし彼女は一三ヵ月で亡くなった。その原因について医者は何も言わなかった。生まれた時は普通の子と同じだった。しかし生後三ヵ月になっても、七ヵ月になってもほとんど動かず、一三ヵ月目に入り高熱に襲われ、タイビン市の病院に入院したが、その三日後に息を引き取った。長女が死んだときには、夫が軍隊にいて家にいなかったのでとても不安だった。何故亡くなったのか理由が分からなかった。

その後、一九八三年に男児（ハウ君の兄）を出産した。この子にも知的障害があった。家に落ち着かず、南ベトナムに逃げ出したりした。南で会社の受付などをやっていたが、それも充分にできず、一人では生活できず、親がお金を送ったりしていた。原因が分かっていればハウやダイは生まなかった。

ハウ（一九八五年生まれ、二三歳）も普通の子として生まれた。しかし三ヵ月を過ぎてもハイハイも座ることもできなかった。ダイ（一九九〇年生まれ、一八歳）の状態は、兄のハウと同じ状況だった。

子どもたちの健康は、年とともに弱まってきているし、自分の身の回りのこともできない状況が続いている。大小便に対する意識もない。両親が全て面倒を見ている。何時まで生きていることができるのか分からない状況。子どもの治療に対して医者は「今は何もすることができない」と言い、痙攣が強くなると神経を抑える薬はくれている。

ハウ（兄）が一九九四年に、立つことができないので、タンデン市の病院で両足首の整形手術（足首を外して付け直す）をしたが、それでも立つことができないでいる。そのため体力もなくなってきている。背骨も足も曲がり、固くなってしまい、訓練をしたが快復しない。だからダイ（弟）は手術をせず、リハビリだけにした。二人とも今は一切の訓練をしていない。そのため自分一人では食事もできず、口の痙攣のため安定せず、ものを食べさせるのさえ大変苦労する。この子達の下には子どもはいない。

政府への要望は、望んでも（ホアビン村への入所、リハビリセンターへの入所）希望は叶わないから言いたくない。二番目の息子（一九八三年生まれ、二五歳）は、本人は希望しているがまだ結婚もできずにいる。

――この後、ハウ君の背中、固まっている足をしみじみと見せていただいた。

前回二〇〇三年の時には「ほとんど泣いて取材できなかった」という母親も、今回は、「自分たちがこの子達をしっかりと見ていく」という決意をみなぎらせて、語ってくれたことは心に残った。子を思う親の気持ちは、時が経つほどに強くなるし、がんばって生き抜いていく力を作り出していくのだろう。

夕方一七時、「やっと取材が完了」である。疲れたとはいえ、これからの整理が、インタビューを快く引き受けた人々へのお返しでもある。映像での記録は専門の鈴木氏に任せて、私は一人の母親として、また一三年間にわたって記録してきた「枯れ葉剤被害児童」の真実の姿を、拙い文章と写真で整理をしておきたいと思っている。ただ、いくつか撮れなかったお父さんたちの姿もある。気にはなるが、該当する子どもたちはしっかりフィルムに収めた。

追記1：トゥオンさんに指導を受けて

さて、再び彼女とコンピューター室に向う。昨日覚えたての日本語「また会いましょう」を笑顔で口に出す彼女。

今日の彼女は、パソコン画面に私が言う日本語をベトナム語で入力する。「おはよう」「こんにちは」は同じ「シンチャオ」。続いて彼女の名前、そして私の名前（くみこ）、梶田さんの名前（えり）、次からが私のベトナム語の学習でもある。彼女の入力する、父親の名前、母親の名前、姉の名前、お祖父さんの名前、姪の名前、センター長の名前、彼女が発音をし、私がそれに続く。しかし私の発音は不充分きわまる。うまくいくと彼女は「ＯＫ」と言ってくれるが、うまくできないと「ＮＯ」と言い、何回も繰り返す。そしてやっと彼女の「ＯＫ」をいただく。実に指導的なテキパキとした態度だ。彼女がコンピューター操作をマスターし、それが彼女自身の仕事に生かされると本当にいいのだが…

と心から思った。

ここへ朝来るのに彼女はバイクタクシーで来た。帰りは「一四時にお父さんが迎えに来るのを待つ」ということで、午前中で彼女とは別れたが、これからの彼女の成長に期待したい。

追記2：参考までに

以下、一九九七年一二月一九日にタイビン省を訪れた時の記録からその数字を見ておきたい。

生後〜一六歳までの児童…二二、〇〇〇人（二八％）、そのうち枯れ葉剤被害を受けて生きている子ども…一、五三七人

奇形…三六七人（二三・九％）、目が見えない…五八人（三・八％）、全く動けない…八二人（五・三％）、手が曲がっている…一五三人（一〇・〇％）、足が曲がっている…五九人（三・八％）、耳が悪く話せない…二八三人（一八・四％）、脳障害…五三五人（三四・八％）。一九九六年に日本の医者が調査に入った。国からは、九九人が一人月八四、〇〇〇ドン、一〇六人が一人月二〇、〇〇〇ドンの援助を受けている。

同じ一九九七年一二月、ホーチミン市のツー・ドゥー病院のフォン先生は次のように話されていた。「奇形の原因が科学的に証明されているか」ということに対しては、「原因はまだ不明」。しかし症状から次のことが言える。「脳が小さいか、もしくはない」「手足がない」「目がない、鼻がない」「身体が二つに分かれ、くっついている」「口がミツクチである」と五つ見られる。「ダイオキシンが原因」

と言われるが、一九八三年、国際的に取り扱われ、医学的に言われだした。

「第二世代の障害」は、一九七〇年のデータでは、ミルクを飲んで育つ子が、その影響を受けるということも言われている。ハワイ大学で一九七〇年、研究結果が分かっていたが、アメリカの圧力で明らかにされなかった。細かいことは一九九四年にやっと分かった。ホーチミン市では三〇キロから三五キロ離れた人たちまでが被害を受けた。

[2008年5月24] タイビン省リハビリセンターにて
　トゥオンさんのいろいろな「顔」、友だちのハオ君との笑顔がいいね

トゥオンさんの家族　（上）両親　（下）お姉さんとトゥオンさん

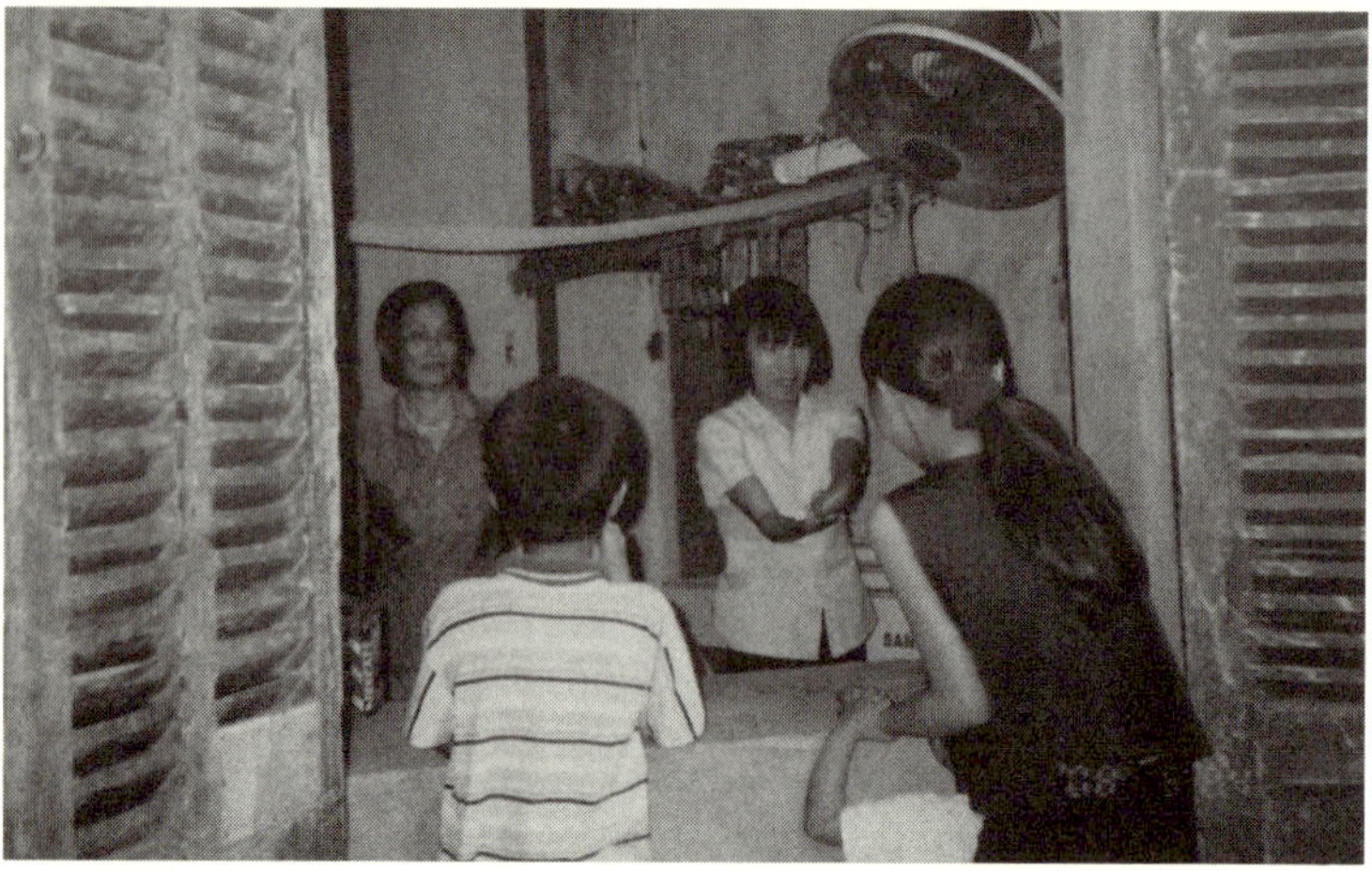

（上：左）姪御さんと　（上：右）父方の祖父　（下）トゥオンさんのお店

[2008 年 5 月 24 日] トアさん
(上) お母さんとトアさん

[2008年5月25日] ショトさん
(上) 両親 (下) 右端：ショトさん　ダイ君とフォン君を囲んで

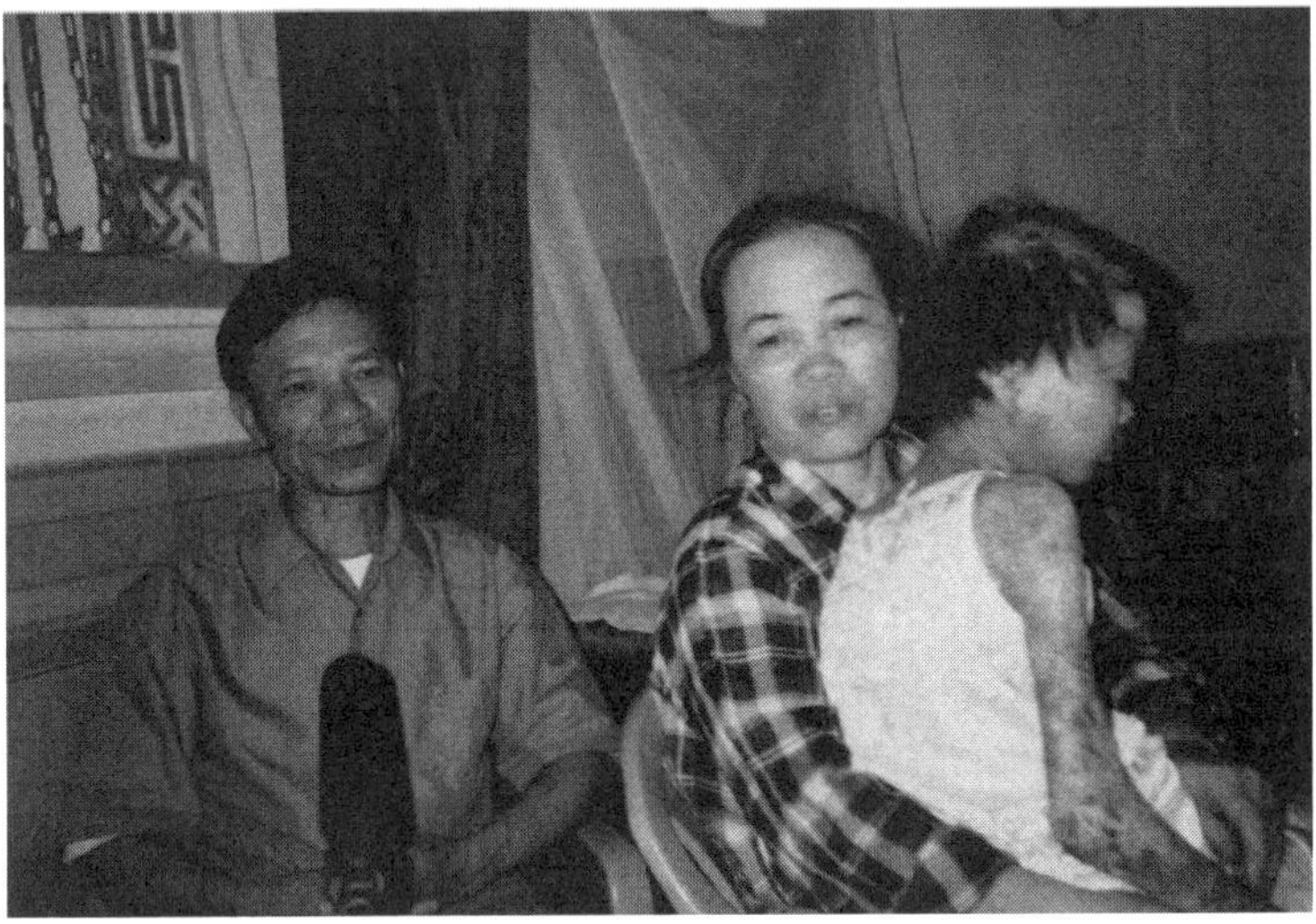

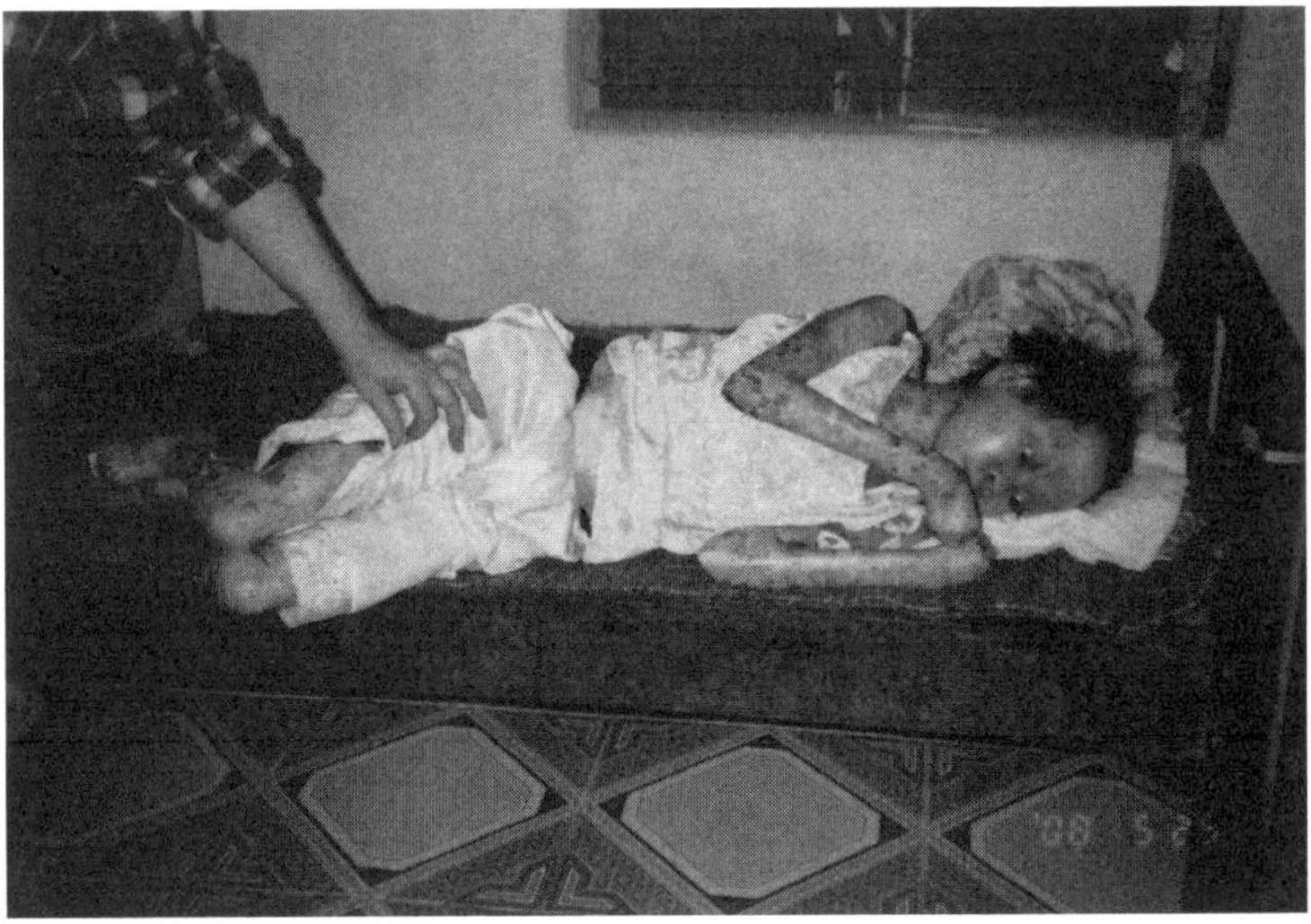

[2008 年 5 月 25 日］タムさん
（上）両親と　（下）タムさん（一人で動くことも出来ない）

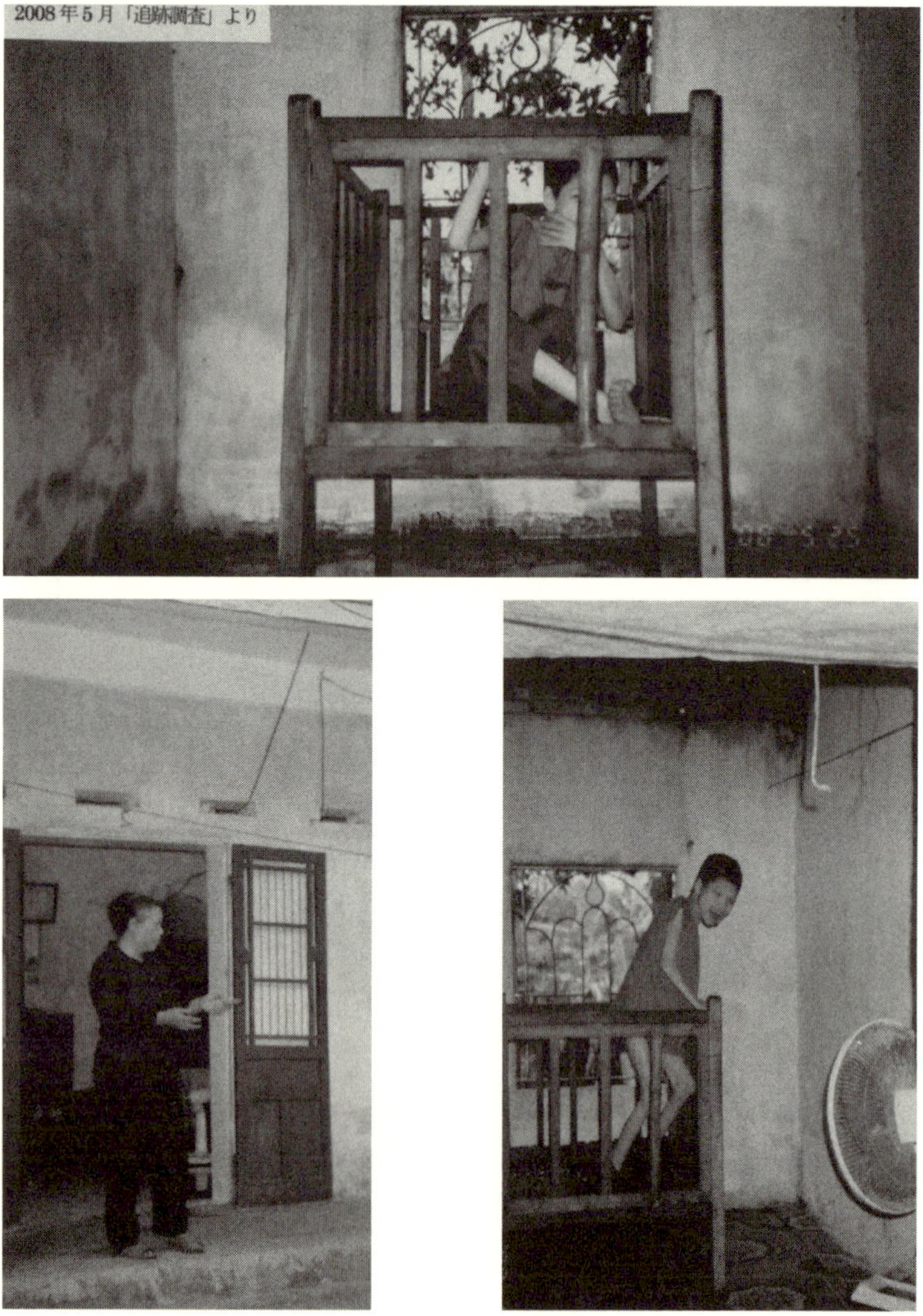

[2008 年 5 月 25 日］ハさん　(上）ベットの中のハさん
(下）彼女の部屋を示すお母さん　(下：右）彼女の笑顔

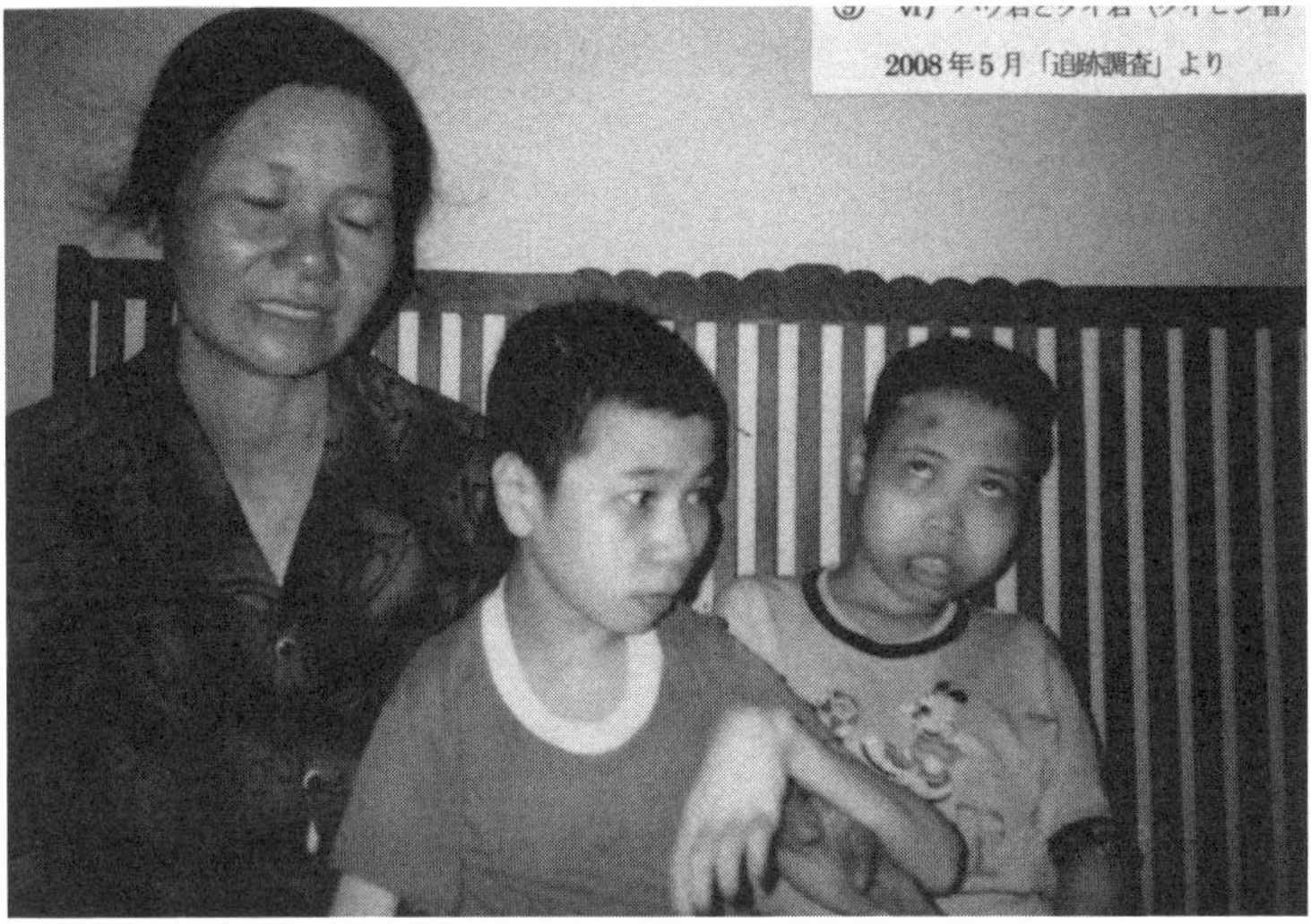

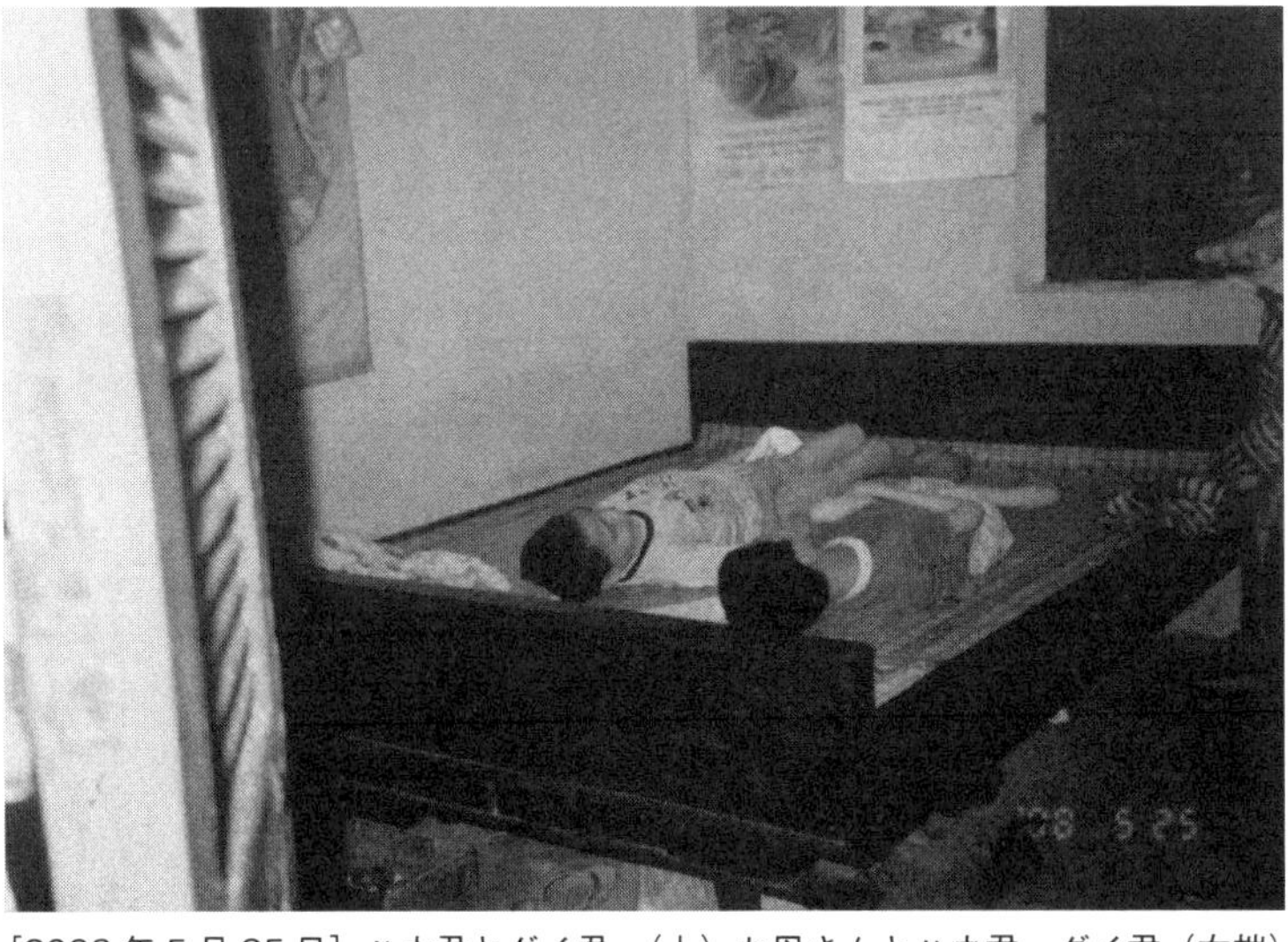

[2008年5月25日] ハウ君とダイ君 （上）お母さんとハウ君、ダイ君（右端）
（下）一人では動くことの出来ない2人

枯れ葉剤と子供たち(6家族9人の調査から)

ハノイ・タイビン省(2008年5月24日～25日)

(2010年8月15日:資料作製)

Ⅰ① トゥオン 指1本の子	Ⅱ② トア 全身黒いあざの子	Ⅲ③ ショト全盲 ④ フォン全盲 ⑤ ダイ全盲	Ⅳ⑥ タム 全身皮膚病 知的障害	Ⅴ⑦ ハ 何でも口にする子 知的障害	Ⅵ⑧ ハウ ⑨ ダイ 2人とも知的障害
父: 1970年クアンチー(4ヵ月)タイニン(3ヵ月)後ラオス、 74年にベトナムに戻る 91年軍務終了 1998～2003年ハイフォン造船工場勤務、後、定年 06年:年金165万ドン、08年補償57.5万ドン 母:枯れ葉剤は受けていない。教員	父: 1975年軍務に就く、78年カンボジア戦争(カンボジアとタイの国境)に従軍 母:タイビンにて建設労働者 両親とも現在はシクロの仕事	父: 1977～81年軍務(軍の運転手として、クアンチー、タイニンなどへ軍隊の物資輸送) 1986年認定申請(未決) 母:軍隊歴なし、枯れ葉剤も受けていない 両親とも現在は農業	父: 1971年12月軍隊 1972～1973年、クアンチー・ツーティン・ホエへ。クアンチーでは、日中トンネル内、夜間は偵察隊。 75年北部軍事大学、78年ラオス83年軍隊退役 補償2002年8.4万ドン、04年17万ドン、06年47.4万ドン、08年59万ドン 母:枯れ葉剤は受けていない	父: 1972～75年の戦闘に参加。クアンチー、ビンディン、ティティン 1998年「枯れ葉剤」との認定を受ける。 補償2000年8.4万ドン、その後毎年上がり08年59.4万ドン (現人民会議役員) 母:枯れ葉剤は受けていない。	父: 1971年1月軍隊入隊以降74年までクアンチーとラオスの国境で荷物運搬、道路作る仕事に従事 91年軍隊退役 2008年定年退職で月260万ドンの年金。現在補償金の手続き中。 2008年12月から枯れ葉剤に対する補償が出る予定。 母:枯れ葉剤は受けていない。農業。

1970 年両親結婚 71 年 6 ヵ月流産 73 年次女出生 **1980 年トゥオンさん出生** 93 年トゥオンさん枯れ葉剤と認定	1983 年両親結婚 **1985 年トアさん出生** 88 年長男出生、 94 年長男死亡 96 年次男出生・知恵遅れ 96 年トアさん・ホアビン村入所 02 年トアさん・ホアビン村退所	1984 年両親結婚 85 年長女出生（彼女も全盲） この間に男児3人出生するが生後1時間くらいで死亡 **1991 年ショトさん出生** **95 年フォン、ダイ両君出生**	1975 年両親結婚 82 年長男出生（知恵遅れ） **1984 年タムさん出生** 90 年次女出生（極度の近視）	1981 年両親結婚 **1983 年ハさん出生** 86 年男児出生 91 年女児出生 男児・女児とも障害はなし。	1976 年両親結婚 80 年長女出生（13 ヵ月で死亡） 83 年男児出生（知恵遅れ） **1985 年ハウ君出生** **1990 年ダイ君出生**
トゥオンさん補償 2002 年 19.4 万ドン 04 年トゥオンさん・リハビリセンター入所 **トゥオンさん補償** 07 年 37 万ドン 08 年 56.4 万ドン	**トアさん補償** 1995 年 8.4 万ドン 08 年 24 万ドン	**ショトさん補償** 1992 年 8.4 万ドン、07 年 14 万ドン 08 年 24 万ドン **フォン君補償** 07 年 6.5 万ドン（以降同額）、**ダイ君にはなし**	**タムさん補償** 2002 年 8.8 万ドン 04 年 16.8 万ドン 07 年 35.5 万ドン 08 年 56.4 万ドン	**ハさん補償** 2000 年 8.6 万ドン 08 年 56.4 万ドン	2002 年からハウ君ダイ君とも補償を受け取りだしているが額は不明 **08 年ハウ君、ダイ君補償 52 万ドンずつ受け取り**
アメリカは、枯れ葉剤のことをきちんと解決して欲しい。ベトナム政府も責任追及を	娘だけではなく下の息子の補償も考えて欲しい。	最愛の家族全員に対して、生きることの補償を。	自分たち亡き後の子供の一生を政府が見てくれるように願う。	自分たち亡き後は政府が見てくれるだろう。	いつまで頑張れるか分からないが夫婦で一生懸命働いて見て行きたい

15 ひとつの議論——つくったモノで糧を得る

〔第一五回訪問（二〇〇九年五月二二日〜五月二六日）〕

今回の団は鎌田篤則氏（ＩＦＣＣ国際友好文化センター事務局長、ＪＶＰＦ日本ベトナム平和友好連絡会議副理事長）を団長に八名の団。ハータイ省バーヴィ県少数民族高等学校卒業式参加がメーンの旅である。受け入れはＩＦＣハノイ事務所。

訪問先は、バーヴィ県少数民族高等学校、タイビン省枯れ葉剤被害児童リハビリ医療施設、以上ハノイ市。ニンビン省少数民族高等学校、ニンビン省政府。

提案は検討してくれた？

タイビン省リハビリセンターを見学に行く。

タイビン省への道のりは、昨年以上に工事現場が目立つ。「日本のＯＤＡで橋を建設している姿は、この土地の人々にとって幸せをもたらしているのだろうか」などと考え込んでしまう。

土曜日ということもあり、七時四〇分にホテルを出たバスは、途中休憩を取らなかったこともあり、一〇時一五分には、もう到着である。

リハビリセンターには、土曜で家に帰っている子もおり七名しかいない。というより、年度替わりのせいかもしれない。「在籍一八名だが、一年間終わったので在籍者が替わり、また二名増になって二〇名になる」という説明である。

早速、お二人の副所長（施設管理の男性の方と療育部門の責任者でもある女性のスワン先生）と鎌田団長とのお話し合いである。

鎌田団長「今日は私たちの団に新人四人が参加をしている。今日、訪れた目的は、子どもたちの自立のためにどうするか、センター側で検討している項目を聴きたいと思う。昨年一二月にお話したストラップ作成の状況はどう進んでいるのだろう」

男性の副所長「検討の中身は、彼らの前の人たちにも（既にここのリハビリセンターを卒業していった人たち）二〇〇八年一二月時点で募集したがあまりいない」

鎌田「例えば耳が悪い人であっても、何か仕事ができることはないのかなど検討したのだろうか」

副所長「この施設はリハビリだけだから、募集しにくい」

鎌田「二〇〇八年一二月に来たときに、私たちのほうから仕事ができるような計画を提案したはずだが、それの検討はされているのだろうか」

副所長「（その計画自体も作っていない様子）それも含めて、もう一度、タイビン省の人民委員会に報告して相談したい」

鎌田「隣の土地に作った訓練施設がうまく機能していないようだが、それをどうするのか検討されているのだろうか」

副所長「政府は、施設は作ったが子どもたちの生活費は出さない」

鎌田「だから、私たちは自立生活ができるように、どういうものができるのかとセンター側の考え方を訊いているのですが」

副所長「子どもたちがここにいるときは、コンピューターやミシンの勉強をしていたが、家に帰ると仕事がないので、その勉強はしたくない（役に立たないから）と言う」

鎌田「そういう気分は分からないでもないが……」

スワン先生「ストラップのエビだけはここで作れる。私がそれを集めて市場に出している」

鎌田「それも一つの方法だろう。今すぐなかなか成果は出ないだろうが、ミシンやコンピューターを使って、どういうものを作ることができるのだろうか」

スワン「携帯を入れる袋などは作れる。リハビリをしつつ、歳をとっても、その後どうして行くのか、その方向を一緒に考えようとしている」

鎌田「例えば日本の学校で、利用されずに余っているボールペンなどをこの施設に持参し、リサイクルショップ的にバザーをやって町の人たちに売る。その売り手になるなどすれば、ここの人たちが自分の生活費を得る一貫になるだろう。二〇〇九年一〇月のアンサンブル・チャリティコンサートには、刺繍したポストカードを売りたいとも考えている」

スワン「そういうことはできるのでは」

すすまない事情

ここでしばし、男性の副所長とスワン先生、そして通訳のアン氏、同行しているルオン先生の議論が始まる。「でき上がった品物を買う」というだけのＪＶＰＦ、「そこにＪＶＰＦとして投資できますか」というベトナム側、「売れる品物をどう作るか」「障害者だけではなく、健常者も含めて作ることも」など、諸々の議論が交わされていたようだ。

スワン「ただ作っても売れるかどうか心配だ」
鎌田「そこは関係なくみんな買いましょう」
スワン「それでは作れる物を作って、皆さんに送ってみてもらいます」

議論はスワン先生のひと言で決まり。埼玉から参加した平松さんが、この場でエビのストラップを一個二ドルで一〇〇個買い上げ、次の生産をお願いする。

［2009年5月23日］タイビン省リハビリセンターにて

その後、子どもたちが、実際に要らなくなったビニール袋を利用してストラップを作る初期の段階をみんなで見学する。手の不自由な子は足を使って細く切ったビニールを紐状によっていく。片手と片足で巧みにその作業は続けられる。これはこの子達のリハビリ訓練にもなるようだ。刺繍も同じだ。両手を使えれば簡単なハリ使いも、右手と唇とで器用にハリに糸を通し、ハリも右手で上から押し込み、同じ右手で下から引き抜く。実に根気の要る作業だ。これが少しでも彼らの生活の糧になるならば、教えているスワン先生も励みが出るというものだ。

昼食時になって、リハビリセンター内で議論されたことについて、ルオン先生は次のように語っていた。

「スワン先生（彼女も副所長だが子どもたちの療育が主）ができると答えても、男の先生（副所長で施設管理が主なのか）は、計画を立てて労働省に出しても駄目だと言われる。だから出したくないので、その計画自体を作っていないのです。ベトナム人は作りたくない物は作りたくない、というのがある。計画を作ることはベトナム側で行い、金の部分はＪＶＰＦで出すということを分けて考えるべきだと思う。この施設をなぜ作ったか、どこがどういう目的で、どういう努力（お金もチャリティ・コンサートを行って作ってきているのに）をして作ったか、施設管理の副所長は全く考えていないのが残念だ」

「タイビンは外国人を入れない場所」ともいわれているらしい。その意味では「ＪＶＰＦは特別」なのだ。きちんと許可を取ってからでないと足を踏み入れさせないベトナム側の考えも、もう少し歴史的に整理をし、理解をしておかなくてはいけないと思った。

いろいろ教えていただいたルオン先生は、今夜の便でホーチミン市に帰る。一九時ちょうどの便が安いので、それを確保してあるとも言っていた。本当にお世話になった。

16 いくつかのすれ違い？

〔第一六回訪問（二〇一〇年五月二〇日～五月二五日）〕

今回の訪越は佐藤晴男団長（ＪＶＰＦ日本ベトナム平和友好連絡会議副会長）以下七名の団。メーンはバーヴィ県少数民族高等学校の卒業式参加である。受け入れはＩＦＣハノイ事務所。訪問先は、バーヴィ県少数民族高等学校、友好連合委員会、以上ハノイ市。タイビン省枯れ葉剤被害児童リハビリ医療施設。村山日本語学校、戦争証跡博物館、ホーおじさん記念館、JVPFホーチミン事務所、以上ホーチミン市。

新しい副所長さん

タイビン省リハビリセンターでは新しい副所長ホアン・アン・ターンさんが就任していた。ホアン副所長は四〇歳だという。

「このセンターでは新しい仕事として老人に対する支援の仕事も加わりました。枯れ葉剤被害者は一五～二〇名リハビリしていますが、リハビリを指導する技術者が足りません。今は、何とかやっているが質が落ちているようです。政府からの援助金は子ども一人につき、一ヵ月二四万ドンで全く足りない。本当に困難にぶつかっている。子どもたちの募集をしたくとも世話が大変なので、そこに対する援助を求めたい」

佐藤団長「今までも被害児童が自立できるようにと話を進めてきたし、日本でも草の根の運動を進めながら、職業訓練をして早く自立の道を進められるよう希望しています」

副所長「二〇〇九年一二月にリハビリセンターと労働省との間で会議を持ったが、その結果の計画書はこれから送る」

すれ違いを感じて

どうも過去の経過がはっきりせず、遅々として進まないベトナム側の対応に団の事務局の鎌田さんも念を押すように語る。

「ベトナム側も努力する問題もあるでしょう。ＪＶＰＦのプロジェクトはリハビリセンターを作ること、職業訓練所を作ること、そして被害児童たちが自立して社会生活ができるようにと進めてきました。このプロジェクトで、今日もエビのストラップ二〇〇個を購入しようと思っている。また刺繍のことについては、デザイン、図案など日本人が買い求めようとするようなものを作って欲しいし、この施設でこれを作っているという証明するようなものも付けて欲しい。それを購入する形を通して被害児童たちが自立できるように支援したいのです。

以前にも提案したことですが、二〇〇八年のベトナムの冬はとっても寒かった。日本から持参する衣類などのリサイクルの店を出し、身体が悪い人でも働けるような場所を確保する、またミシンを活用して町の中に小さな店を出して日本の物を売れば、質の良いものも売れる。これは衣類だけではなく文房具、コーヒーなど、ハノイ市にあるハンディキャップ施設のようになっていけば、そしてまた少しは収入が上がればこの施設も潤うだろう。二〇〇〇年一〇月にプロジェクトを出発させてから二〇一〇年は最後の年になります。今後の展望をお聞かせ願いたいのですが」

このとき、福祉局のリハビリセンター担当の女性が「ベトナム側への援助をどういう形でできるのか」との質問が出る。

最近思うのだが、どうもベトナム側とはすれ違いがあるように思った。ベトナム側からは口を開くと「援助を願う」「援助はできるのか」という言葉が出る。援助されてアタリマエという意識になりきっては、私たちがこの事業をスタートさせた意味が薄れてくるような感じがしないでもない。鎌田氏は思わず意見を言った。

「この話は二年前から話していること。だからカニや魚のストラップという話もしたし、刺繍でも、日本から指導者に一ヵ月くらい来て作ることを教えるとか考えてきた。それに基づき障害者がミシンや裁断をするなど任務分担をして……と、二〇〇九年一二月に話をして、二〇一〇年二月までに結論を出すようにと言ってきたはずです」

その答は「タイビン省の労働省に催促して、政府の回答を待ちます」ということだった。あまり具体的ではない。鎌田氏は「二〇一〇年八月には、またボランティアを派遣する。八月二六日・二七日でお願いした。こういう形は、一年に一回の大きな祭りになっていけばいいと思っている」と話は具体的だったのだが。

この後、スワン先生の持参した「春夏秋冬」の四枚の大掛かりな見本の刺繍が紹介され、「太平（タイビンの漢字表示）」を入れるなど、品物をどこで作っているのかが分かるようにしたほうがいいなどの意見交換を行った。ＪＶＰＦはエビのストラップは二〇〇個四〇〇ドルで購入する。

三〇歳のトゥオンさんとの再会

続いてセンターに向かいストラップを作っている子、刺繍をしている子、訓練に余念がない子達など、久し振りにリハビリセンターの子どもたちに接する。私にとっては予期していなかったことだが、昨年の訪越では会えなかったトゥオンさん（今年はもう三〇歳になっている）の笑顔に接する。

二〇〇八年五月「六家族九人」の枯れ葉剤被害児童の調査をした時の、最初の訪問者だ。彼女の顔には少し憂いがある。もしかしたら「少し具合が悪かった彼女の姉」の様子がよくないのかも知れない。それでも今日、私たちがここに来るということを聞いて、わざわざセンターに来て待っていてくれたのかも知れない。

そう思いつつ、聞いてみると「今、勉強していない（コンピューターの勉強をしたいと言っていたのだが）、両親も姉も元気だ。時々店の仕事もしている（彼女の家の片隅に小さな店を造り、アイスクリームや日常雑貨を売る店を姉が出してくれたお金で立てている）」と心なしか元気のない声で答えてくれた。私は少し複雑な気持ちで、とにかく彼女とのツーショットを写しておく。

ストラップ・刺繍に余念のない彼女たち

名前は覚えていなく申し訳ないが、訓練をしている部屋に到着した途端、再会を喜んで飛びついてきた彼女は真剣な眼差しでストラップ作りに取り組んでいる。また他方では右手しか自由の利かないおとなしそうな女の子は、必死に高度な刺繍に取り組む。二人とも他の子どもたちの動きには全く無関心。自分たちの役目を淡々とこなしているという感じだ。

「母親」だと言う年配の方の膝には男の子が座っている。昨年は見なかった子だ。聞くと「この子は一〇歳、五〇歳の時の子だ。握る力がない」ということだ。またカメラに興味を持つ彼女は二〇歳、発音は不明瞭で通訳してもらえなかったが、ニコニコと私たちの動きを追う。

川越から持参した飴をスワン先生に渡す平松さん。ストラップ作りを一生懸命見つめる佐藤団長。傍らで訓練用のペダルを黙々と踏む少し年配の男の子と、少し若い男の子。部屋の中は思い思いに時を過ごして、このセンターの訪問を終えた。

昼食時の語らい

昼食は、今までとは全く異なる場所で、新しい副所長のホアンさん、そして初めてスワン先生を含めての楽しいひと時となる。隣に座ったスワン先生や副所長のホアンさんとはあまり話ができなかったが、それでもいくつか聞いてメモは取った。

お話の間で、副所長が言った。

「村の中にある高校に小さな店を作って、今日いただいたボールペンなどを小分けして販売したいと考えている。売る人はリハビリセンターの子どもたちだけではなく、村の中の枯れ葉剤被害者の方々にも協力してもらって始めてみたい」

またスワン先生は「協力したいと思っても、それに熱心な人も、またそうでない人もいる。枯れ葉剤被害者のことについて家族の人たちは協力してくれるが、ベトナム全体となるとまだまだ難しい」とも言っていた。

あいだで、たくさんのベトナム語が交わされるが、全部訳してはもらえない。でもよく聞くと、「ベトナム女性は賢い。スワン先生は二人の夫がいた。一人目は離婚した。二人目は正式に結婚はしていないが同居している」とのこと。越日友好協会のトゥイさん（女性）が言うには「結構ベトナム人は自分たちの家庭のことをおおっぴらに話し合う」とのこと。そしてまたスワン先生は「リハ

タイビン省リハビリセンターにて　スワン先生と

ビリセンターでの仕事は楽しい。一人の子どもはハノイ大学へ行っている。もう一人の子は両親がいないので自分が援助している」「この仕事に就いたのは、自分はタイビンで生まれたが、昔の生活は貧しく苦しかった。家の食事はご飯と野菜だけ。五人兄弟で、上の姉は身体が動かない（その原因が枯れ葉剤にあるのかは聞くことができなかった）。両親は八〇歳を超えているので働けない」と言う。そんな中で強く逞しく生きているベトナムの女性だ。

このセンターから卒園していった子どもたちは二〇〇人を超えると言うが、その行く末を聞くと「刺繍の仕事をしている人が多い。結婚した人も多く、家族は楽しくないが子どもは普通に生活している」とも言う。枯れ葉剤被害者たちがこのセンターから卒園して本当に社会的生活が無事できているのか、二〇〇八年の「追跡調査」の時には、「結婚し子どもを生み」という子どもたちには会うことができなかったこともあり、「本当にそうであってくれれば嬉しいが」と心の中で思った。

枯れ葉剤展示が少なくなった？

今度の見学では、建て直され、整備されたであろう「戦争証跡博物館」の「枯れ葉剤被害者の実態」がどういうふうに展示されているのか、そこをじっくりと見たいと考えていた。

いくつかの展示室・コーナーをまわってみて、枯れ葉剤に関する展示が非常に少なくなっているのに気づく。最も変わっていたのが枯れ葉剤被害児童のホルマリン漬けの展示である。以前は、照明も明るく見やすい位置に配置されていた。ホルマリン漬けになった子どもたちの表情までがよく分かった。私にはその子たちが何かを「訴えている」ように見えたものだ。ところが、今は照明も暗く、直接彼らの顔を見ることもできないような形で展示されている。確かに外見は厳粛な雰囲気を出している状態に変わったが、私などはもう少し「事実を直視」できるように展示されたほうが良いのではないかと考えた。もしかして「事実」はあっても「なるべく直視しないように」という、今のベトナム政府の姿勢がそこに表れているのではないかと考えてしまうほどである。

それでも枯れ葉剤が散布された地域、面積、地域の人口、被害を受けた人口、その人口との比率など一覧表にしたパネルはあった。そして当時、枯れ葉剤が散布された結果、焼け野原で佇む人などが写る写真などの展示はある。また一九六一年～一九七一年に南ベトナムで使われた枯れ葉剤（ダイオキシン）の種類ごとの数字もある。写真では見ずらいので、少し数字を拾っておく。

エージェント　ピンク……………………六五・六 ppm
エージェント　グリーン…………………六五・六 ppm
エージェント　パープル…………………三二・八～四五 ppm
エージェント　オレンジとオレンジⅡ……一・七七～四〇 ppm

違和感の残った写真展示

枯れ葉剤による焼け野原をバックにいくつかの人物写真が展示されている。その中に、少し見覚えのある子どもの姿に気がつく。ガイドのジミーさんに解説文を読んでもらうと分かった。二〇〇八年に追跡調査した一人で当時二四歳になっていたトアさんだ。一九九六年に訪れた時、フィルムに収まった彼女の顔は黒いアザで覆われていたと言っていいほど、その黒いアザは目に付いた。まだホアビン村で生活していた一〇歳の女の子である。その彼女がアメリカの視察団の眼にとまり、一七歳の時にアメリカで治療を受けるチャンスを得て、何とか腹部の白い皮膚を顔に移植し、少しは将来に希望を持てるかのような気持ちにもなるが、身体全体（首から下）の黒いアザは少しもよくならない。かえって「この手術によって体力が弱まった」と言っていた二〇〇八年。

以前、「戦争証跡博物館」に展示されていた彼女の姿は、後姿だがこの「黒アザ」をはっきり写し、いわゆる「枯れ葉剤被害」の生の姿を示していたのに、今回の写真は、顔は見えず、両足に広がる「黒いアザ」を焦点にしたものである。何年ごろに写したものか、誰が写したものかはわからないが、展示されている雰囲気から感じるのは、ダイオキシンの被害の実態としてアメリカの人々がサンプルに写したもののように感ずる。そこには生きて苦しむ人間の姿はなるべく見せないようにする意図も感じる。少しきつい言い方ではあるが、率直にそう感じた。

17　枯れ葉剤被害児童の明日に向けて

〔第一七回訪問（二〇一〇年一二月二日～一二月六日）〕

団長は松浦正美氏（ＪＶＰＦ日本ベトナム平和友好連絡会議副会長）を含め四名の団。受け入れはＩＦＣハノイ事務所。訪問先は、プゥート省少数民族高等学校（奨学金授与）、友好連合委員会（ここでは私自身が「友好勲章」を授与された）、タイビン省枯れ葉剤被害児童リハビリ医療施設。以上ハノイ市。

タイビン省リハビリセンターでは、前回と同様に副所長のホアン・アン・ターム氏が対応してくれた。所長は現在、体調が悪く治療に専念しているとのこと。またスワン女史のご主人も具合が悪くて入院しているので「先に帰る」と断りの連絡があり、結局、彼女とはゆっくりお話しできずに別れた。ターム副所長とのお話しは簡単に済ませ、子どもたちの訓練室へと向う。センターの建物が建てられている右手の空き地に、二〇一一年六月を目途に、もっと「重症の子どもたち」の施設が、定員八名から一二名を対象に建設が進められている。聞くと「ベトナム内の労働者の会社が費用を持ち、両親のいない人のみを対象に入れる予定だが、今は親がいる人も入れることになるだろう」とのこと。

また左手には、これまた「老人ホーム」の増設として二〇一一年一月を目途に、一〇人くらい入ることのできる施設が作られつつあるのだという。「ここの老人ホームの人たちは三ヵ月に一回は、アンサンブルの鑑賞ができることになる」

タイビン省リハビリセンターにて　子どもたちの刺繍の作品「春夏秋冬」

気がつくと、本体のリハビリセンターの子どもたちの顔ぶれが大きく変わっている。聞くと「二〇一〇年は七人が良くなってここを退所し、新しく八人が入所した」とのこと。今日は土曜日だから、何時ものメンバーがきちんと参加して訓練をしているわけではないだろうが、意識して数えてみると刺繍の部門での顔見知りは五人中二人、ストラップ作りの部門では三人中一人、機能訓練をしている男の子（彼も顔見知り）ということで九人中五人が私にとっては新しいメンバー。

鎌田氏に「入れ替わる子どもたちの実情をどう把握しているのだろう」を聞くと、「ほとんどなされていないらしい」という。もしそれが本当なら、毎年度そういう報告をきちんと受けることも今後の事業発展には必要なことだろうと私などは思った。

確かに口頭では「リハビリしながら地域の人たちとグループを作って刺繍などをしている。その刺繍の絵柄も相談している」とは聞いているが、それがその場しのぎではなく、計画性を持った企画書として、品物も人も組まれていかなくては、私たちが始めた当初の目的（治療だけに留まらず、自活できるような収入源の確保への道を築くということ）には、いつまで経っても到達しないだろう。

出来上がった刺繍やその他の製品を日本へ買い込むだけではなく、その価値がベトナム国内の文化・芸術として広く広がっていくと同時に、枯れ葉剤被害者の息の長い生活の糧を得る道筋として確立したいものである。

あとがき

二〇一一年八月一〇日、ベトナムに枯れ葉剤が投爆されてから五〇年目を迎えた。私はこれまで、直接「枯れ葉剤」を受けた人たち、その下で生まれた子どもたち、そして、そのまた子どもたち、いわゆる被曝した一世代だけではなく二世代、三世代の人々の苦しくも必死に生きてきた人々の姿を見てきた。今は、誰がこの事実をどう否定しようとも、この姿が「枯れ葉剤」がもたらした人的被害であったことも明らかになっている。

また、二〇一一年四月二六日は、あのプリピャチの街などを「ゴーストタウン」化したチェルノブイリ原発事故から二五年目を迎えた。

二〇〇三年一二月、プリピャチの街。原子力発電所の敷地に近づくにつれ、五～三〇マイクロシーベルトが示され、通常の環境の五〇から三〇〇倍の値を示し、そこから数百メートル原子炉に近づくと三〇ミリシーベルト（一ミリシーベルトは一、〇〇〇マイクロシーベルト）、通常の三〇万倍の値を示していた。この街は、一九七〇年、原子炉の四キロメートル北につくられ、四万八、〇〇〇人がここで暮らしていた。今、静寂さの中に佇むこの街の中に、誰も行かない場所の一つとして「ゴーストタウンの共同墓地」がある。ここには遺体と一緒に放射能の黒鉛も埋められたため、身内の人たちも墓参にすら来ることが出来ない、この地上で最も毒された場所であると言われる。

原子炉から約四五キロメートルの距離にあるヴィルチャの街はチェルノブイリ地域で四番目に大きな街。ウクライナとベラルーシの国境に位置する。周辺よりも放射線レベルが高い場所は、ホットスポットと呼ばれる。放射性セシウムは二兆二、二〇〇億ベクレルに上った。つまりここはホットスポット。一九八六年以来、ここには誰一人住んでいない。最初の放射性物質の雲が流れてきていた。二〇〇五年春、ヴィルチャの郊外では、一時間あたり一・〇九マイクロシーベルトを示していた。

そして二〇〇七年の春、チェルノブイリの原子炉から二五〇キロメートル圏内では、二、〇〇〇を超える街や村が消えていたと言われる。


そして日本では、二〇一一年三月一一日に発生した地震・津波、そして原発事故は、全国的には、一五、八一五人の尊い人命を奪い、三、九六六人の行方不明者をつくり(九月三〇日現在、警察庁まとめ)、加えて七三、二四九人の避難・転居者を作り出してしまった(九月二二日現在、政府の復興対策本部まとめ)。

福島県民のみを見ても、人災とも言える東京電力福島第一原子力発電所の事故は、人命を奪うだけではなく、放射性物質の脅威から逃れて、今まで慣れ親しんできた生活拠点から離れざるを得ない人々、五九、七三五人(福島県内三、九四二人:九月六日時点、県外五五、七九三人:四六都道府県、八月二五日時点)を作り出し路頭に迷わせ、未だにその収束のメドが立てられずにいる。福島県の総人口は、震災前の二、〇二四、四〇一人(三月一日時点)から、震災後には一、九九七、四〇〇人(七月一日時点)と二万七、〇〇一人が減少し、中でも子どもたちは、震災前の在籍児童生徒(小中高生）・幼稚園児約二七万人（二〇一〇年、福島県調べ）が、震災後では約一万八、〇〇〇人が転校・転園（共同通信調べ）を余儀なくされている。

七月二五日、「子ども三六万人、甲状腺検査」と朝日新聞で報道された内容は、もう放射能の害が及ぶ事実に目をふさぐことは出来ないことを示している。その内容は「四月一日時点で一八歳以下だった三六万人を対象に甲状腺ガン検査を生涯にわたり実施する」というもので、「放射線の影響と見られる甲状腺ガンの発生は事故後四〜五年からだった」というチェルノブイリ原発事故の調査をもとに、「二〇一一年一〇月から二〇一四年三月までに超音波（エコー）検査で現時点のガンの有無を調べる。それ以降は全員に二年に一度、エコー検査を受けてもらう」「二〇歳以上は五年に一度にするが、生涯、無料で検診する」などとするものである。また「全県民に対して、広島や長崎の被爆者健康手帳のように、推計した被曝線量や検診記録などを保存するファイルも配布する」「県民だけでなく三月一一日に県内に滞在して被曝が心配な人も調査の対象とする」とされているが、福島県に隣接する自治体や首都圏でも放射線の影響を心配する声には、それに応えるものは未だに出ていない。

それにしても、五年後、一〇年後の日本の子どもたちの成長が、ベトナムにおける「枯れ葉剤被害児童」や「チェルノブイリの子どもたち」の姿に映し出されていくことを何としても防がなくてはいけないと心する私である。まずは私たち一人ひとりの、事実の調査と学び、それを改善する行動が本当に求められていることを痛感する。

東京電力福島第一原子力発電所を囲んで二〇キロメートル圏内（九月九日現在「警戒区域」として立

ち入り禁止になっている）にある双葉町、大熊町、浪江町、富岡町、樽葉町をプリピャチやヴィルチャのような街にしてはいけない。また福島県内の積算放射線量の多い地域（積算放射線量計を設置した三月二三日から八月二九日まで。文科省調べ）である、浪江町赤宇木（北西三一キロメートル、六六・七一ミリシーベルト）、飯館村長泥（同三三キロメートル、三六ミリシーベルト）など、五〇キロメートルを越える「計画的避難区域（年間積算放射線量が二〇ミリシーベルト超の恐れがあり住民避難地域）」も含め、少なくとも国上げての汚染土壌の除染作業を一日も早く進め、生活の場を取り戻すことが出来るようにしなければいけない。それと共に福島第一原発を含めた全ての原子力発電所の廃棄・廃炉の運動に私たちの力を最大結集しなければいけない。

最後に、本書を著すにあたって、ベトナム語に大変不勉強な私に力を貸してくださった一橋大学院生のライ・チ・フウン・ニュンさん、そしてこの一五年にわたってベトナム訪問の度にいろいろな角度からアドバイスを下さったＩＦＣＣ国際友好文化センターの事務局長でありＪＶＰＦ日本ベトナム平和友好連絡会議副理事長でもある鎌田篤則氏にも大変お世話になりました。また出版にあたっては、「私流」の文章に、心を込めて筆を入れ、「本」としての姿を完成させてくださった同時代社の高井隆氏には、本当にお手数をおかけしました。ご協力いただいた皆さま方には、心から感謝を申し上げます。

二〇一一年一〇月一日

【著者略歴】
細谷久美子（ほそや・くみこ）

1940年、北海道苫小牧市生まれ。東洋大学社会学部（第2部）卒業。IFCC国際友好文化センター会員、JVPF日本ベトナム平和友好連絡会会員。I（アイ）女性会議千葉支部支部長、千葉市女性団体連絡会副会長、千葉市国際交流協会理事。

2010年8月、「日本とベトナムの交流活動の発展に寄与した」として、ベトナム友好委員会連合より「平和・友好・民族」勲章を授与される。

枯れ葉剤に遭った子どもたち
私のベトナム日誌15年

2011年11月25日　初版第1刷

著　者　細谷久美子
発行者　高井　隆
発行所　株式会社同時代社
〒101-0065　東京都千代田区西神田2-7-6
電話　03(3261)3149　FAX　03(3261)3237
組版・装幀　有限会社閏月社
印　刷　モリモト印刷株式会社

ISBN978-4-88683-708-0